IONE BUYST
JOSÉ ARIOVALDO DA SILVA

O MISTÉRIO CELEBRADO: MEMÓRIA E COMPROMISSO I

LIVROS BÁSICOS DE TEOLOGIA

Para a formação dos agentes de pastoral
nos distintos ministérios e serviços da Igreja.

DIREÇÃO E COORDENAÇÃO GERAL DA COLEÇÃO:
Elza Helena Abreu, São Paulo, Brasil

ASSESSORES:
D. Manoel João Francisco, bispo de Chapecó, Brasil.
Mons. Javier Salinas Viñals, bispo de Tortosa, Espanha.
João Batista Libanio, S.J., Belo Horizonte, Brasil.

PLANO GERAL DA COLEÇÃO

TEOLOGIA FUNDAMENTAL

1. *Crer num mundo de muitas crenças e pouca libertação –*
   João Batista Libanio

TEOLOGIA BÍBLICA

2. *História da Palavra I, A*
   A.Flora Anderson / Gilberto Gorgulho / R. Rodrigues da Silva / P. Lima Vasconcellos

3. *História da Palavra II, A*
   A. Flora Anderson / Gilberto Gorgulho / R. Rodrigues da Silva / P. Lima Vasconcellos

4. *Esperança além da esperança – Teologia sistemática, antropologia,escatologia*
   Renold J. Blank / M. Ângela Vilhena

TEOLOGIA SISTEMÁTICA

5. *A Criação de Deus – Deus e Criação*
   Luiz Carlos Susin

6. *Deus Trindade: a vida no coração do mundo – Trindade e graça I*
   Maria Clara L. Bingemer / Vitor Galdino Feller

7. *Deus-amor: a graça que habita em nós – Trindade e graça II*
   Maria Clara L. Bingemer / Vitor Galdino Feller

8. *Jesus Cristo: Servo de Deus e Messias Glorioso (cristologia)*
   Maria Clara L. Bingemer

8.1. *Sois um em Cristo Jesus*
   Antônio José de Almeida

8.2. *Maria, toda de Deus e tão humana*
   Afonso Murad

TEOLOGIA LITÚRGICA

9. *O mistério celebrado: memória e compromisso I*
   Ione Buyst / José Ariovaldo da Silva

10. *O mistério celebrado: memória e compromisso II*

   Ione Buyst / Manoel João Francisco

DIREITO CANÔNICO

12. *Direito eclesial: Instrumento da justiça do Reino*
   Roberto Natali Starlino

HISTÓRIA DA IGREJA

13. *Eu estarei sempre convosco*
   Henrique Cristiano José Matos

TEOLOGIA ESPIRITUAL

14. *Espiritualidade cristã*
   Francisco Catão

TEOLOGIA PASTORAL

15. *Pastoral dá o que pensar, A*
   Agenor Brighenti

APRESENTAÇÃO DA COLEÇÃO

A *formação teológica* é um clamor que brota das comunidades, dos movimentos e organizações da Igreja. Diante da complexa realidade local e mundial, neste tempo histórico marcado por agudos problemas, sinais de esperança e profundas contradições, a *busca de Deus* se intensifica e percorre caminhos diferenciados. Nos ambientes cristãos e em nossas igrejas e comunidades, perguntas e questões de todo tipo se multiplicam, e os *desafios da evangelização* também aumentam em complexidade e urgência. Com isso, torna-se compreensível e pede nossa colaboração o *clamor por cursos e obras de teologia* com sólida e clara fundamentação na Tradição da Igreja, e que, ao mesmo tempo, acolham e traduzam em palavras a ação e o sopro de vida nova que o Espírito Santo derrama sobre o Brasil e toda a América Latina.

É importante lembrar que os documentos das Conferências do Episcopado Latino-Americano (Celam) e, especialmente, as *Diretrizes Gerais da Ação Evangelizadora da Igreja no Brasil* (CNBB), assim como outros documentos de nosso episcopado, não cessam de evidenciar a necessidade de formação teológica não só para os presbíteros, mas também para os religiosos e religiosas, para os leigos e leigas dedicados aos distintos ministérios e serviços, assim como para todo o povo de Deus que quer aprofundar e levar adiante sua caminhada cristã no seguimento de Jesus Cristo. Nossos bispos não deixam de encorajar iniciativas e medidas que atendam a essa exigência primordial e vital para a vida da Igreja.

O documento 62 da CNBB, *Missão e ministérios dos cristãos leigos e leigas*, quando trata da "força e fraqueza dos cristãos", afirma: "...aumentou significativamente a busca da formação teológica, até de nível superior, por parte de leigos e leigas" (n. 34). E, mais adiante, quando analisa o "diálogo com as culturas e outras religiões", confirma: "tudo isso torna cada vez mais urgente a boa formação de cristãos leigos aptos para o diálogo com a cultura moderna e para o testemunho da fé numa sociedade que se apresenta sempre mais pluralista e, em muitos casos, indiferente ao Evangelho" (n. 143).

Atentas a esse verdadeiro "sinal dos tempos", a Editorial Siquem Ediciones e a Editora Paulinas conjugaram esforços, a fim de prestar um serviço específico à Igreja Católica, ao diálogo ecumênico e inter-religioso e a todo o povo brasileiro, latino-americano e caribenho.

Pensamos e organizamos a coleção "Livros Básicos de Teologia" (LBT), buscando apresentar aos nossos leitores e cursistas todos os tratados de teologia da Igreja, ordenados por áreas, num total de quinze volumes. Geralmente, os tratados são imensos, e os manuais que lhes correspondem são volumosos e rigorosamente acadêmicos. Nossa coleção, pelo contrário, por unir consistência e simplicidade, se diferencia das demais coleções voltadas a essa finalidade.

Conhecer a origem desse projeto e quem são seus autores tornará mais clara a compreensão da natureza desta obra e qual seu verdadeiro alcance. A coleção LBT nasceu da frutuosa experiência dos *Cursos de Teologia para Agentes de Pastoral* da Arquidiocese de São Paulo (Região Episcopal Lapa). Os alunos dos vários núcleos freqüentemente pediam subsídios, apostilas, livros etc. O mesmo acontecia em cursos semelhantes, em outras regiões e dioceses. Contando com a colaboração de experientes e renomados teólogos de várias dioceses da Igreja no Brasil, pouco a pouco foi surgindo e ganhando corpo um projeto que pudesse atender a essa necessidade específica. De todo esse processo de busca e colaboração, animado e assistido pelo Espírito Santo, nasceu a coleção "Livros Básicos de Teologia".

Fidelidade a seu propósito original é um permanente desafio: proporcionar formação teológica básica, de forma progressiva e sistematizada, aos agentes de pastoral e a todas as pessoas que buscam conhecer e aprofundar a fé cristã. Ou seja, facilitar um saber teológico vivo e dinamizador, que "dê o que pensar", mas que também ilumine e "dê o que fazer". É desejo que, brotando da vida e deitando suas raízes na Palavra, na Liturgia e na Mística cristã, essa coleção articule teologia e prática pastoral.

Cabe também aqui apresentar e agradecer o cuidadoso e sugestivo trabalho didático dos nossos autores e autoras. Com o estilo que é próprio a cada um e sem esgotar o assunto, eles apresentam os temas *fundamentais de cada campo teológico*. Introduzem os leitores na linguagem e na reflexão teológica, indicam chaves de leitura dos diferentes conteúdos, abrem pistas para sua compreensão teórica e ligação com a vida, oferecem vocabulários e bibliografias básicas, visando à ampliação e ao aprofundamento do saber.

Reforçamos o trabalho de nossos autores, convidando os leitores e leitoras a ler e mover-se com a mente e o coração através dos caminhos descortinados pelos textos. Trata-se de ler, pesquisar e conversar com o texto e seu autor, com o texto e seus companheiros de estudo. Trata-se de dedicar tempo a um continuado exercício de escuta, de consciência crítica, de contemplação e partilha. Aí, sim, o saber teológico começará a transpor a própria interioridade, incorporando-se na vida de cada dia e, pela ação com o Espírito, gestará e alimentará formas renovadas de pertença à Igreja e de serviço ao Reino de Deus.

Certamente esta coleção cruzará novas fronteiras. Estará a serviço de um sem-número de pessoas e comunidades eclesiais da América Latina e do Caribe, com elas dialogando. Estreitaremos nossos laços e poderemos ampliar e aprofundar novas perspectivas evangelizadoras em nosso continente, respondendo ao forte clamor de preparar formadores e ministros das comunidades eclesiais.

A palavra do Papa João Paulo II, em sua Carta Apostólica *Novo millennio ineunte* [No começo do novo milênio], confirma e anima nossos objetivos pastorais e a tarefa já começada:

> *Caminhemos com esperança! Diante da Igreja, abre-se um novo milênio como um vasto oceano onde é necessário aventurar-se com a ajuda de Cristo (n. 58).*

> *É necessário fazer com que o único programa do Evangelho continue a penetrar, como sempre aconteceu, na história de cada realidade eclesial. É nas Igrejas locais que se podem estabelecer as linhas programáticas concretas — objetivos e métodos de trabalho, formação e valorização dos agentes, busca dos meios necessários — que permitam levar o anúncio de Cristo às pessoas, plasmar as comunidades, permear em profundidade a sociedade e a cultura através do testemunho dos valores evangélicos (...). Espera-nos, portanto, uma apaixonante tarefa de renascimento pastoral. Uma obra que nos toca a todos (n. 29).*

Com as bênçãos de Deus, certamente esta coleção cruzará novas fronteiras. Estará a serviço e dialogará com um sem-número de pessoas e comunidades eclesiais da América Latina e do Caribe. Estreitaremos nossos laços e poderemos ampliar e aprofundar novas perspectivas evangelizadoras em nosso continente, respondendo ao forte clamor de capacitar formadores e ministros das comunidades eclesiais.

ELZA HELENA ABREU

Coordenadora geral da Coleção LBT

Dados Internacionais de Catalogação na Publicação (CIP)
(Câmara Brasileira do Livro, SP, Brasil)

Buyst, Ione
 O mistério celebrado : memória e compromisso I : teologia
litúrgica / Ione Buyst, José Ariovaldo da Silva. — São Paulo :
Paulinas ; Valência, ESP : Siquem, 2003. — (Coleção livros
básicos de teologia; 9)

 ISBN 978-85-356-1098-7 (Paulinas)
 ISBN 84-95385-27-9 (Siquem)

 1. Celebrações litúrgicos 2. Igreja Católica — Liturgia
3. Vida cristã I. Título. II. Série

03-2990   CDD-264.02

Índices para catálogo sistemático:
1. Igreja Católica : Liturgia   264.02
2. Liturgia : Igreja Católica   264.02
3. Teologia litúrgica : Igreja Católica   264.02

© Siquem Ediciones e Paulinas
© Autores: Ione Buyst e José Ariovaldo da Silva

Com licença eclesiástica (21 de maio de 2002)

Coordenação geral da coleção LBT: *Elza Helena Abreu*
Editora responsável: *Vera Ivanise Bombonatto*
Assistente de edição: *Valentina Vettorazzo*

4ª edição – 2014

*Nenhuma parte desta obra pode ser reproduzida ou transmitida por qualquer
forma e/ou quaisquer meios (eletrônico ou mecânico, incluindo fotocópia e
gravação) ou arquivada em qualquer sistema ou banco de dados sem permis-
são escrita da Editora. Direitos reservados.*

Siquem Ediciones
C/ Avellanas, 11 bj. 46003 Valencia – Espanha
Tel. (00xx34) 963 91 47 61
e-mail: siquemedicion@telefonica.net

Paulinas
Rua Dona Inácia Uchoa, 62
04110-020 — São Paulo — SP (Brasil)
Tel.: (11) 2125-3500
http://www.paulinas.org.br
editora@paulinas.com.br
Telemarketing e SAC: 0800-7010081
© Pia Sociedade Filhas de São Paulo — São Paulo, 2003

INTRODUÇÃO

Depois da morte-ressurreição de Jesus, o Cristo, dois pólos marcam a vida de seus seguidores e seguidoras: a reunião e a missão. Na reunião, com palavras e ações simbólicas, entre cantos e silêncios, recorda-se a paixão e a glorificação de Jesus, o Senhor, na cumplicidade do Espírito que atualiza, fecunda, cria comunhão. Na missão, o mesmo Espírito envia, cria, dá força, coragem, persistência, alegria... Há uma relação intrínseca entre esses dois pólos: é o mesmo mistério da páscoa do Senhor, ora anunciado e vivido no dia-a-dia, no testemunho e no compromisso até o martírio, ora atualizado na memória litúrgica. Um não existe sem o outro. É como um único movimento em dois tempos, como o movimento do coração humano, órgão central que garante a circulação do sangue. É sístole e diástole, movimento para dentro e para fora: é concentração do sangue no coração para impulsioná-lo e enviá-lo a cada célula do corpo, limpando, energizando, alimentando, colocando em movimento.

A celebração litúrgica é momento de concentração, de reunião no Espírito Santo, em torno do Cristo Ressuscitado que "recicla" e renova toda a nossa vida e nos une com o Pai. De lá somos enviados(as), impulsionados(as), de volta à missão. A liturgia pode ser considerada o *coração* da vida das comunidades cristãs. Uma liturgia deficiente, doente, fraca, superficial traz grandes danos para a vida cristã e para a missão. Por isso, é de suma importância o estudo e aprofundamento teológico da liturgia, para que possamos avaliar e renovar a prática celebrativa de nossas comunidades com conhecimento de causa e, assim, contribuir para a revitalização da vida cristã e da missão.

Neste primeiro volume sobre teologia litúrgica, trataremos da liturgia em geral (incluindo os sacramentos); no segundo volume, várias celebrações litúrgicas serão analisadas em separado: é a liturgia "específica". Dois assuntos que serão tratados no segundo volume deveriam normalmente fazer parte do primeiro: referentes ao tempo e ao espaço. Preferimos agir assim, juntando "o tempo" ao estudo sobre a celebração dominical da Palavra e a liturgia das horas, e juntando o "espaço" ao estudo sobre a dedicação de Igreja e altar.

Juntamente com a teologia, prestaremos atenção à história da liturgia, à ritualidade, à espiritualidade, à pastoral. Levaremos em conta algumas sensibilidades dos tempos atuais: a diversidade cultural, o ecumenismo entre as igrejas cristãs e o diálogo com outras tradições religiosas, a igualdade teologal entre homens e mulheres, a importância da corporeidade, da linguagem simbólica e do crescimento espiritual.

Nosso objetivo fundamental é que cristãos e cristãs engajados(as) na vida e missão da Igreja possam situar a liturgia no conjunto da vida e missão da Igreja, participar dela plenamente e ajudar suas comunidades a organizar melhor sua vida litúrgica e vivenciá-la profunda, prazerosa, frutuosamente.

Os autores.

Capítulo primeiro

CELEBRAR É PRECISO

Ione Buyst

Neste exato momento, em algum lugar do mundo, há gente reunida para celebrar sua fé. Seja em uma linda catedral ou em um pequeno barraco numa periferia de cidade, numa capela rural ou ao ar livre... Seja com muita ou pouca gente: as celebrações litúrgicas acontecem por toda parte. Há celebrações que são esperadas com alegre expectativa e muitos preparativos; há outras que mais parecem uma obrigação, pesada e enfadonha. Por que celebramos, afinal? O que caracteriza uma celebração cristã? Celebrações cristãs são iguais no mundo inteiro, em todas as realidades? Para ser um(a) *praticante* cristão(ã), basta ir às celebrações? E não pode haver cristãos que praticam sua fé apenas numa prática social ou política, sem ter de participar da liturgia? E o que as celebrações litúrgicas têm a ver com teologia, com pastoral, com espiritualidade? Estas são algumas das questões que abordaremos neste capítulo introdutório. As palavras-chave (indicando categorias básicas) são estas: *celebrar, celebração; símbolo, ação simbólica; mito, rito, ritualidade; liturgia cristã, celebração da fé cristã; inculturação; teologia litúrgica, pastoral litúrgica, espiritualidade litúrgica.*

1. CELEBRAÇÕES EXISTENTES NAS COMUNIDADES

Propomos que neste início de estudo vocês façam
uma lista das celebrações conhecidas pelo grupo.

Nem sempre nos damos conta da variedade das celebrações litúrgicas: celebração eucarística (missa); batismo; confirmação (crisma); reconciliação; unção dos enfermos; ordenação (diaconal, presbiteral e episcopal); matrimônio; consagração de virgens; profissão religiosa; dedicação de igreja e altar; bênçãos; exéquias; celebração da palavra de Deus; liturgia das horas (ofício divino); celebrações catecumenais; celebrações com doentes e idosos; distribuição da sagrada comunhão fora da missa; hora santa; liturgias domésticas; celebrações em circunstâncias variadas...

As celebrações acompanham determinados tempos do dia, da semana e do ano: ofício da manhã e da tarde; ofício de vigílias; celebração do domingo, dia do Senhor; ciclo do natal (advento, natal, epifania), ciclo da páscoa (quaresma, tríduo pascal, tempo pascal), tempo comum, festas do Senhor, de Maria e dos outros santos e santas; acontecimentos marcantes da vida pessoal e da vida de um povo...

Além dessas celebrações consideradas "oficiais",[1] há práticas celebrativas do chamado "catolicismo popular", muitas vezes de cunho regional, e que o povo foi criando ao longo do tempo porque não se situava nas práticas oficiais realizadas em latim e para poder expressar sua devoção. Assim encontramos novenas, terços e rosários, vias-sacras, sentinelas, congadas, folias, "incelências" etc.

Há celebrações acompanhando as atividades de várias pastorais: da criança, da juventude, dos idosos, da saúde, da terra, de rua..., retiros, cursos de formação teológica, escolas de fé e política...

Nas últimas décadas, nas comunidades eclesiais de base foram nascendo outros tipos de celebrações, relacionadas com fatos ou reivindicações de cunho social e político, vividas na fé: ocupações de terras e casas; luta por água, esgoto, luz elétrica; martírio de membros da comunidade; procissões, vigílias em praças públicas pela paz e contra a violência... E, de uma maneira mais profunda, há uma preocupação em se viver todas as celebrações litúrgicas sob o ângulo do compromisso social e político, inerente à fé cristã.

Atualmente, na América Latina, está crescendo o interesse pelas práticas rituais dos povos indígenas que conseguiram sobreviver aos 500 anos de colonização e pelas tradições religiosas guardadas vivas pelos afro-descendentes, até bem pouco tempo proibidas e reprimidas.

Na sociedade pluralista em que vivemos, é importante interessar-nos por conhecer e apreciar as práticas celebrativas de outras igrejas cristãs (igrejas orientais, igreja Anglicana, igrejas protestantes e evangélicas...), assim como de outras tradições filosóficas e religiosas (judaísmo, islamismo, hinduísmo, budismo, etc.), principalmente as que estão presentes em nossa região.

Confrontem a lista que fizeram com o texto acima:
Quais as coincidências? Quais as diferenças? O que foi esquecido?
O que é desconhecido ou não existe em sua realidade?

---

[1] Entendemos por práticas litúrgicas oficiais as que são promulgadas pela hierarquia da Igreja e que geralmente constam nos livros litúrgicos, como por exemplo o missal, os rituais dos sacramentos e sacramentais, o livro da liturgia das horas.

2. CELEBRAR? POR QUÊ?

Constatamos que há uma rica variedade de celebrações; fazem parte de nossa vida. Não somente de nossa vida religiosa, mas de nossa vida como um todo. Celebrações, mitos e ritos são um dado antropológico. O ser humano, em qualquer cultura, parece não poder viver sem eles. Pensem num casamento, nas festas de aniversário nas famílias, num velório ou num enterro... Pensem nos festejos do aniversário de uma cidade, de um clube, da independência da nação... Pensem no carnaval, na comemoração da vitória de um time esportivo, na abertura dos jogos olímpicos...

"Celebrar" é uma ação comunitária, festiva, que tem a ver com "tornar célebre", solenizar, destacar do cotidiano, colocar em destaque pessoas ou fatos e realçar o significado que têm para um determinado grupo de pessoas.

Aí surge a pergunta: por quê? Por que celebramos? Por que é preciso celebrar? Em primeiro lugar, o ser humano parece ter necessidade de buscar, expressar e aprofundar o *sentido* da existência, dos acontecimentos, da vida e da morte... E, como esse sentido ultrapassa nossa capacidade racional, necessitamos de símbolos, de mitos e ritos, de festa. Celebrar, simbolizar e ritualizar a existência é tão indispensável ao ser humano quanto comer e beber. Aliás, é o que distingue os humanos de outros seres vivos sobre a face da Terra.

Nos símbolos ou ações simbólicas, um sinal sensível vem carregado de uma realidade não-sensível, não-palpável (o divino, por exemplo, o transcendente), e permite nossa identificação e comunhão com essa realidade, bem como nossa participação nela. Os mitos são narrativas que expressam de forma simbólica as crenças e convicções de um povo. Ritos têm como característica a *repetição* de determinadas palavras, gestos e ações simbólicas, possibilitando a expressão comunitária, a transmissão, conservação e o aprofundamento do sentido da vida.

Cada grupo humano tem sua maneira própria de ver a vida. Cada grupo humano tem sua maneira de ritualizar o sentido da existência. Seus símbolos, mitos e ritos, suas festas são expressão de sua identidade. E da conservação de seus símbolos, mitos, ritos e festas depende a conservação de sua identidade, a integração dos membros no grupo e seu sentido de pertença.

Quando o sentido expresso pelo grupo se refere a uma realidade "divina", "transcendente", falamos de símbolos, mitos, ritos e festas *religiosos*. Temos a convicção de que Alguém nos acompanha, nos ouve, nos vê; conversamos com esse Alguém com palavras e gestos (ritos), "curtimos" sua companhia. Quando estamos sofrendo, na dor, na miséria, na incompreensão, na perseguição, na solidão, gritamos para esse Alguém ou imploramos ajuda, seu consolo. Quando estamos felizes, alegres, vivendo em paz, sentimos necessidade de expressar a esse Alguém nossa gratidão.

Nós, cristãos, como todos os outros grupos humanos, temos nossas festas, nossos símbolos, "mitos" e ritos que possibilitam expressar e vivenciar nossa identidade, nossas convicções, nossa fé. Trata-se de uma necessidade inerente do fato de sermos "humanos". Sem símbolos, sem ritos, sem celebrações, não é possível ser "gente" plenamente. É mediante esses elementos rituais que expressamos nossa relação com Alguém, que para nós é o Deus e Pai de nosso Senhor Jesus Cristo.

Além da necessidade antropológica de ritualizar nossa fé, temos o mandamento expresso de Jesus, dado no contexto da última Ceia, referido por Paulo e Lucas: *Façam isto em memória de mim...* (1Cor 11,23-26; Lc 22,19-20).

3. LITURGIA CRISTÃ

Quando falamos em "liturgia cristã" estamos nos referindo a um conjunto de celebrações que foi nascendo nas comunidades cristãs ao longo da história e que expressam a fé, as convicções, a maneira de compreender a vida, a maneira de os discípulos de Jesus se relacionarem com o transcendente, o divino.

O adjetivo "cristã" indica a centralidade cristológica (ou melhor, crística) dessas celebrações. Todas se referem a Jesus, o Cristo, o Ressuscitado, e expressam o sentido profundo (o *mistério*) de sua pessoa, sua vida, sua missão, sua morte e ressurreição, sua segunda vinda, como chave de compreensão de nossa própria vida. Possibilitam que nos reconheçamos nele, nos identifiquemos com ele e participemos em seu *mistério*. Toda a liturgia cristã é feita *em memória de Jesus,* conforme as palavras já citadas: *Façam isto em memória de mim...*

A liturgia cristã tem suas raízes na liturgia judaica: parte de fatos. Faz memória das intervenções libertadoras de Deus *na história*, a favor de seu povo, com o qual estabeleceu uma aliança. Festas da natureza, como a Páscoa e Pentecostes, recebem novo significado a partir de fatos históricos, lidos desde a fé no Deus Único, o Eterno, e da aliança com ele. O fato principal, exemplar para o povo judeu, é a libertação do povo da escravidão no Egito, o chamado êxodo (saída), situado por volta de 1200 a.C. Compreendem que foi Deus quem chamou e preparou Moisés como liderança do povo, que foi Deus quem endureceu o coração do faraó do Egito, que foi Deus quem fez o povo hebreu passar a pé enxuto pelo Mar Vermelho e que afogou os egípcios no mar, possibilitando a fuga dos hebreus e a caminhada pelo deserto, até à tomada de posse da Terra Prometida. Ao longo da história, novos fatos são interpretados, tendo como referência a memória do êxodo, celebrada anualmente na festa da Páscoa. As Sagradas Escrituras, lidas, meditadas e interpretadas nas assembléias litúrgicas, num contexto de diálogo com o Senhor, mantêm viva a fé e a aliança com o Eterno, numa vida dedicada a ele e em obediência à sua palavra em todas as áreas da vida humana.

Para os cristãos, o fato novo do qual se faz memória na liturgia (em continuidade com a saída do Egito), é a morte-ressurreição de Jesus, seu êxodo, sua páscoa, sua passagem da morte para a vida, da cruz para a ressurreição. É referência decisiva e definitiva para o sentido da vida pessoal e da história da humanidade. É referência para discernir, para reconhecer as páscoas do povo em todos os tempos e lugares, até que se realize plenamente entre nós o Reino de Deus inaugurado por Jesus, na força do Espírito Santo de Deus.

Assim, toda liturgia cristã pode ser considerada celebração do mistério de Jesus, memória de sua páscoa (morte-ressurreição). Quem faz a memória é a comunidade dos discípulos de Jesus, em nome dele, celebrando a libertação que Deus operou e continua operando em nossas vidas, pelo poder do Espírito Santo. Esta memória é ao mesmo tempo renovação da nova e eterna aliança entre Deus e seu povo, realizada em Jesus. A memória é realizada com ações rituais que comportam leitura e interpretação das Sagradas Escrituras, num contexto de diálogo íntimo entre os parceiros da aliança (o Senhor Deus e o seu povo), na espera da vinda e intervenção definitiva do Senhor na história.

A liturgia cristã é profissão de fé da comunidade eclesial; é a fé da Igreja expressa em ação ritual. Celebramos a fé como Igreja, em Igreja. Cada cristão(ã) assume esta expressão da fé comum, eclesial, como sendo sua fé e se deixa formar por ela ao longo de sua vida (cf. CIC 1066-1068).

4. INCULTURAÇÃO — UM SÓ MISTÉRIO, DIVERSIDADE DE FORMAS CELEBRATIVAS

O mistério de Cristo é um só e sempre o mesmo. Entretanto, a ação ritual que expressa esse mistério assume necessariamente uma forma cultural. Depende, portanto, da cultura da comunidade celebrante.

Os primeiros cristãos eram todos judeus. Celebravam o mistério de Jesus com elementos rituais conhecidos de sua tradição: leitura e meditação das Sagradas Escrituras, orações, a ceia, o batismo... Pouco a pouco, no entanto, foram surgindo comunidades em outros contextos culturais (gregos, romanos...), assumindo para suas liturgias formas rituais diversificadas.

Esse processo natural e coerente com a lógica da encarnação foi, infelizmente, interrompido num dado momento da história. As formas rituais foram como que "engessadas": proibiu-se qualquer mudança, qualquer criatividade. Toda a liturgia, em qualquer parte do mundo, tinha de ser celebrada em latim, com canto gregoriano, gestos, símbolos e vestes iguais para o mundo inteiro, sem levar em conta a cultura de cada povo celebrante! Foram séculos de "fixismo" litúrgico. O Concílio Vaticano II, no entanto, na sua Constituição sobre a Sagrada Liturgia, denominada *Sacrosanctum Concilium* (SC), promulgada em dezembro de 1963, abriu a possibilidade de uma reforma da liturgia e uma adaptação às culturas (SC 21; 37-40). É preciso salvaguardar a parte divinamente instituída da liturgia e a unidade substancial do rito romano. De resto, *dê-se lugar a legítimas variações e adaptações para os diversos grupos, regiões e povos...* (SC 38).[2] Hoje, o termo usado para essa adaptação é: inculturação.

> *A inculturação significa uma íntima transformação dos valores culturais autênticos, graças à sua integração no cristianismo e ao enraizamento do cristianismo nas diversas culturas humanas. Trata-se de um duplo movimento: 1) a Igreja encarna o Evangelho nas diversas culturas; 2) ao mesmo tempo, assimila os valores daquelas culturas, se compatíveis com o Evangelho, "para aprofundar melhor a mensagem de Cristo e exprimi-la mais perfeitamente na celebração litúrgica e na vida da variada comunidade dos fiéis".[3]*

O princípio foi colocado, a porta foi aberta, mas está custando para que tudo isso seja assumido na prática. É como uma pessoa aprender a andar de novo, depois de ter ficado meses com a perna engessada. E, vejam bem, no caso da liturgia, foram séculos de imobilismo rigidamente controlado!

Pouco a pouco, no entanto, alguma mudança vai aparecendo; em alguns lugares mais, em outros menos. O latim cedeu lugar às línguas vivas de cada povo; muitos elementos celebrativos secundários ou até contrários ao espírito da liturgia foram afastados; a estrutura das celebrações tornou-se mais transparente; novas linguagens e estilos musicais entraram nas celebrações (nem sempre com os devidos critérios); a arte arquitetônica, as imagens, as vestes, a ornamentação estão se renovando; estamos tomando maior liberdade nos estilos celebrativos; os símbolos e ações simbólicas ainda estão ensaiando seus primeiros passos; a eucologia (as orações) parecem ainda ter muita dificuldade de expressar a fé em conceitos, linguagem e sensibilidade das culturas atuais. Os desafios da *inculturação* estão aí.

Na América Latina, está havendo uma preocupação de integrar liturgia e devoção popular. E, timidamente, aparecem liturgias com traços indígenas, africanos ou afro-ameríndios... Liturgia com rosto de cultura urbana? Com a cara da juventude?... São outros desafios.

---

[2] Ver também: *CIC 1200-1209.*

[3] CONGREGAÇÃO PARA O CULTO DIVINO. *A liturgia romana e a inculturação. Quarta instrução para uma correta aplicação da constituição conciliar sobre a Liturgia*, 1994, n. 4 (citando partes da encíclica do Papa João Paulo II e a constituição pastoral *Gaudium et spes*, sobre a Igreja no mundo de hoje).

Qual é a base teológica para a inculturação da liturgia? Apontemos três aspectos:

a. Deus não é uma peça de museu! Sempre o mesmo na sua essência, aparece sempre diverso na sua manifestação, sempre vivo e atual. A liturgia, como momento de celebração de encontro e comunhão com este Deus, deverá ser diversificada, de acordo com os diferentes rostos de Deus revelados em cada época e realidade.

b. *O Verbo se fez carne e habitou entre nós* (Jo 1,14). O Filho de Deus, para se comunicar com seu povo, assumiu seu modo de vida, sua língua, seus costumes, numa palavra: sua cultura. A Igreja deverá seguir os passos de Jesus e encarnar-se em cada povo, em cada meio sociocultural.

c. *Nós os ouvimos apregoar em nossas próprias línguas as maravilhas de Deus!* (At 2,11). A Igreja nasceu universal no dia de Pentecostes, por obra do Espírito Santo. E durante toda a história o Espírito foi suscitando missionários que anunciaram o evangelho de Jesus Cristo em todas as culturas, suscitando igrejas locais em todas as partes do mundo. Onde não lhe colocaram barreiras, o Espírito fez nascer liturgias nativas que vieram enriquecer a Igreja de Cristo com grande riqueza espiritual.

Em todo o trabalho da inculturação, há dois extremos a serem evitados:

— O *tradicionalismo*, que se apega às formas de antigamente, sem levar em conta a reforma litúrgica e a cultura atual da comunidade. A verdadeira tradição não é estática nem morta; ela é viva, dinâmica, criativa.

— A *espontaneidade*, que quer sair por aí *criando* coisas novas, sem atentar para o mistério celebrado na liturgia e sem levar em conta a tradição viva que nos vem dos apóstolos. A verdadeira criatividade exige conhecimento profundo e respeito pela tradição.

A partir de agora nos concentraremos nas celebrações cristãs, mais especificamente na tradição da Igreja católica romana.

5. LITURGIA NO CONJUNTO DA VIDA CRISTÃ E DA AÇÃO ECLESIAL

Liturgia, lit-urgia

O termo "liturgia", ação do povo ou serviço realizado a favor do povo, pode ser entendido de duas maneiras complementares:

1) É ação de Deus servindo e santificando seu povo, fazendo-o passar da morte para a vida.

2) É ação do povo, servindo e glorificando a Deus em união com Jesus, no Espírito Santo.

De qualquer modo, é AÇÃO, trabalho, serviço... Coisa para se FAZER. (Diferente de teo-logia, psico-logia e outras: que são coisas para pensar, refletir, estudar.)

5.1. Liturgia: celebração que transborda numa vida de comunhão

Liturgia é ação simbólica, ritual; expressão comunitária de nossa fé cristã. *É o mistério cristão celebrado.* Por esta razão, a liturgia é considerada "cume" para o qual tende a ação da Igreja e, ao mesmo tempo, é a "fonte" donde emana toda a sua força (SC 10). Ou seja, a liturgia não deve ser considerada como um momento, uma atividade em meio a outras, cultivada talvez mais por uns e menos por outros. É a *fonte* da qual decorre, como um rio, a vida da Igreja e de cada cristão e cristã. Porque é na liturgia que o Ressuscitado vem ao encontro de sua comunidade de fé, nos atinge, nos transforma com seu Espírito, nos faz participar de sua vida de comunhão com o Pai e nos envia de volta ao mundo, renovados, santificados.

Podemos, assim, distinguir dois momentos complementares, às vezes chamados de *liturgia-celebração* (liturgia em sentido restrito) e *liturgia-vida* (liturgia em sentido amplo, também chamada de *liturgia da história*). Somos convidados a fazer de toda a nossa vida uma liturgia em sentido amplo, decorrente da liturgia como celebração do mistério cristão. Uma não existe sem a outra.

Sem a vida vivida como culto espiritual, a celebração litúrgica torna-se uma formalidade, um ritualismo vazio, uma mentira. De nada adianta dizer *Senhor, Senhor...* e não trabalhar para a transformação de si mesmo e do mundo, para que aconteça a justiça do Reino. Sem a liturgia-celebração, a vida cristã perde a ligação com sua fonte, seu princípio vital, seu rumo, seu ponto de referência e sua destinação final: Deus, o Senhor.

Neste estudo, trabalharemos a liturgia em sentido restrito; porém, sempre tendo presente nas entrelinhas sua relação intrínseca com a liturgia-vida.

5.2. A liturgia faz a Igreja

A liturgia deve ser considerada não somente em relação à vida pessoal e social dos cristãos, mas também em relação ao contexto eclesial. É uma determinada Igreja que celebra; expressa na celebração seu modelo eclesial, suas opções pastorais. Por isso, vamos encontrar estilos e ênfases diferentes nas celebrações litúrgicas: mais institucional ou mais profética, mais centrada na Palavra de Deus ou com maior espaço para as devoções e os sentimentos religiosos, mais romana ou mais inculturada, mais ligada com as classes abastadas ou com os pobres.

De qualquer forma, a liturgia não pode ser vivida como algo isolado da vida comunitária e missionária, com sua evangelização e catequese, com suas pastorais sociais, com sua preocupação ecumênica e de diálogo religioso. Aqui também vale a palavra do Concílio: a liturgia é cume e fonte de toda a vida da Igreja. É na liturgia que a Igreja-comunidade é formada pelo próprio Espírito do Senhor, na ação ritual. A Igreja *faz* a liturgia, mas ao mesmo tempo é a liturgia quem *faz* a Igreja. Toda a nossa vida comunitária, todo o nosso empenho pastoral e missionário devem brotar desse encontro comunitário com o Deus vivo na celebração litúrgica.

5.3 Liturgia e espiritualidade

Merece uma atenção especial a relação entre liturgia e *espiritualidade*. De início, é preciso esclarecer que aqui vamos entender espiritualidade como vida espiritual, ou vida no Espírito. Abrange, portanto, toda a vida do cristão e consiste numa união sempre mais íntima com Jesus Cristo, crucificado e ressuscitado, e por ele, com o Pai, no Espírito Santo. Brota do encontro com o Senhor na liturgia, expande-se na oração pessoal e expressa-se na vida pessoal, no trabalho, nas relações humanas, na organização da vida em sociedade.

Como cristãos, somos chamados a formar um só Corpo em um só Espírito com o Senhor, para continuar a missão messiânica inaugurada por ele, até que o Reino de Deus atinja toda a realidade humana, até que Deus seja tudo em todos (cf. 1Cor 15,28). O evangelho não deixa dúvidas: a preocupação primeira é com os pobres e com todas as pessoas feridas em sua dignidade humana, em seu ser filho ou filha de Deus.

Em muitos ambientes, a espiritualidade fica reduzida a exercícios e experiências de oração, de devoção, de meditação, sem ligação com a liturgia e sem preocupação com a libertação dos pobres e a transformação da realidade social.

Enfocando o aspecto litúrgico, percebemos que a maioria das pessoas não aprendeu a alimentar sua vida espiritual na liturgia. Não lhes foi ensinado isso.

Que devemos fazer, então? Recuperar a unidade entre liturgia, devoção e compromisso ético.

5.4. Pastoral litúrgica

Pastoral litúrgica diz respeito a todos os esforços feitos para animar a vida litúrgica de uma comunidade, paróquia, diocese, região, levando em conta sua realidade (histórica, cultural, social, eclesial), de modo que todos os cristãos e cristãs possam participar da liturgia de forma ativa, consciente, plena, frutuosa e colher dela os frutos espirituais. A pastoral litúrgica inclui cuidados com a preparação, realização e avaliação das celebrações, com a organização da vida litúrgica nos vários níveis eclesiais, com a formação do povo e dos ministros.

a) As celebrações

As celebrações por si só já podem ser consideradas uma ação pastoral, na medida em que, por meio da ação simbólico-ritual da comunidade, é o Cristo-Pastor que age, nos atinge, nos santifica com seu Espírito. Daí a importância de se celebrar bem, para que esta ação pastoral seja a mais eficaz possível, acompanhando o ritmo de nossa vida comunitária (eucaristia dominical, ano litúrgico...) e pessoal (iniciação cristã, reconciliação, matrimônio, enfermidade, morte...).

Entretanto, costuma-se dizer que as celebrações requerem também uma ação pastoral antes e depois. Antes: para poder chegar a participar da liturgia, normalmente a pessoa passa por etapas de evangelização e catecumenato ou catequese. Depois: a participação na liturgia faz de nós testemunhas; somos enviados(as) para continuar a missão messiânica de Jesus.

Há ainda um outro *antes* e *depois* quanto ao trabalho das equipes de liturgia. Antes: a reunião de preparação, a distribuição das tarefas, os ensaios, a organização do espaço celebrativo, a preparação pessoal de cada ministro ou ministra. Depois: a avaliação do trabalho da equipe e da celebração como um todo. Há também um *antes* mais remoto, que é a organização da pastoral litúrgica e a formação.

b) A organização da vida litúrgica

Qualquer ação pastoral necessita de um mínimo de organização. Quanto maior a comunidade, mais complexa será a organização.

Vamos pensar numa comunidade de base com uma vida litúrgica reduzida: tem sua celebração dominical, suas festas durante o ano litúrgico, as novenas e vias-sacras, visitas aos doentes, talvez alguns sacramentos como batismo e casamento, provavelmente assegurados por ministros e ministras leigos e leigas. Poderá tudo isso funcionar sem organização? Cada um desses trabalhos requer a escolha de pessoas responsáveis, reuniões de preparação e avaliação, planejamento das atividades, envolvimento da comunidade.

Todas as pastorais devem poder contar com a ajuda da equipe de liturgia da paróquia. E mais: há setores da vida humana que ainda carecem de expressão litúrgica e que são um permanente convite à criatividade pastoral da equipe. Não podemos nos contentar com as missas e os sacramentos. Bênçãos, celebrações da palavra em várias circunstâncias e principalmente o ofício divino ainda não ocupam todo o espaço que poderiam ocupar. Qualquer situação humana significativa, em nível pessoal ou social, pode requerer uma ritualização que nos ajude a perceber a presença de Cristo e de seu Espírito nessa situação e a viver esse momento em profunda comunhão com ele. Também a vida litúrgica de uma região pastoral e de uma diocese necessita de organização e de uma equipe, ou serviço, ou comissão, responsável por ela.

c) A formação litúrgica

Formação litúrgica é capacitação para compreender e viver melhor a liturgia. Pode ser considerada em vários níveis (básico, médio, superior, especialização, ciência litúrgica), para vários destinatários (povo, ministros, professores, especialistas, pesquisadores), considerando vários aspectos (históricos, antropológicos, teológicos, rituais, espirituais, mistagógicos, pastorais, jurídicos, ecumênicos). Para se conhecer a liturgia, é praticamente indispensável adquirir conhecimentos básicos de Bíblia, cristologia, eclesiologia, pneumatologia, escatologia e também da realidade social e cultural. Para cada nível, grupo de destinatários ou aspecto da formação litúrgica deverão ser encontradas metodologia e pedagogia adequadas. Principalmente a formação dos ministérios litúrgicos não poderá ficar reduzida a aulas teóricas; é necessária uma outra abordagem, uma educação integral para a ritualidade, em que se aprenda a vivenciar a harmonia entre o gesto corporal, seu sentido teológico-litúrgico e a atitude espiritual correspondente.[4]

Podemos distinguir ainda a formação a-sistemática da sistemática. As equipes de liturgia receberão antes de tudo uma formação a-sistemática, acompanhando a ação. Trata-se de preparar os membros da equipe, prática e espiritualmente, para que possam exercer sua função com competência e conhecimento de causa. Pouco a pouco poderão adquirir maiores conhecimentos sobre o sentido teológico e espiritual da liturgia, sobre cada uma das celebrações litúrgicas, sobre os tempos do ano litúrgico. Para facilitar o estudo e aprofundamento das equipes, cada comunidade, paróquia ou diocese poderia ter uma pequena biblioteca à disposição, atualizada, com dicionários, livros e revistas de liturgia.

Ao lado da formação a-sistemática, é necessário organizar uma formação litúrgica sistemática, seja como disciplina nos cursos de teologia, seja em cursos especializados para ministros(as) ou agentes de pastoral litúrgica. Por fim, vale lembrar que a própria liturgia é formadora de fé e vida cristã. É a mais fundamental *"didascalia"* (ensinamento) da Igreja!

5.5. Teologia litúrgica

A liturgia-celebração (ação simbólica, ritual) pode ser entendida também como teo-logia: uma *fala de Deus* e uma *fala a Deus*. Uma *fala de Deus*, porque ele se revela, faz conhecer seu projeto e estabelece comunicação conosco; uma *fala a Deus* na oração da Igreja. Assim, participando da liturgia adquirimos um conhecimento sempre novo, sempre atual, sempre inesperado de Deus. Não somente pelos conteúdos que são veiculados nas leituras, na homilia, nas orações, nos cantos, mas principalmente porque, mediante esses elementos celebrativos, encontramo-nos com o Deus vivo, participamos da ação sacerdotal de Jesus Cristo, fazemos

---

[4] Cf. BARONTO L. E., *Laboratório litúrgico;* pela inteireza do ser na vivência ritual. São Paulo, Salesiana, 2000.

experiência do Espírito Santo. Liturgia é teo-logia como experiência de fé em ação simbólica, ritual.

Costuma-se chamar essa teologia litúrgica (que ocorre durante a celebração) de "teologia primeira". A partir dessa teologia primeira é que se pode fazer uma "teologia segunda", isto é, um estudo crítico sobre a liturgia celebrada, uma interpretação teológica do acontecimento celebrativo. Este estudo geralmente abrange: 1) a *liturgia* (e *sacramentologia*) *geral*, que diz respeito a todas as celebrações litúrgicas: o que celebramos? Por quê? Para que? Quem celebra? Como? Onde? Quando?; 2) a *liturgia específica*, abordando cada tipo de celebração litúrgica em separado: eucaristia, outros sacramentos e sacramentais, liturgia da Palavra, liturgia das horas, exéquias etc.

6. O ESTUDO DA LITURGIA NO CONJUNTO DAS DISCIPLINAS TEOLÓGICAS

Entre as muitas modalidades de formação litúrgica, temos o estudo da liturgia nas escolas de teologia. O lugar que a liturgia ocupa no conjunto das disciplinas teológicas difere muito de uma escola para outra.

Há escolas (faculdades, institutos) que agrupam o estudo da liturgia entre os tratados sobre a Tradição junto com Sagrada Escritura, Patrística e História da Igreja. Outras o situam entre os tratados da teologia dogmática ou sistemática, juntamente com epistemologia teológica, cristologia e trindade, pneumatologia, eclesiologia, escatologia... Outras ainda colocam o estudo da liturgia entre as disciplinas de "práxis cristã", juntamente com a teologia moral, a missiologia, a pastoral, o ecumenismo, o direito canônico...

Onde está a raiz dessa diferença? Na maneira de se conceber a liturgia.

Para uns, a liturgia é uma realidade teologal, um espaço de manifestação e de autocomunicação de Deus. A liturgia é ação divina do Pai, do Filho e do Espírito Santo em nós, fazendo com que o mistério aconteça para nós, hoje, na Igreja. A ação ritual é considerada de ordem simbólico-sacramental; é ação de Deus, pelo ministério humano. Não somente significa, mas realiza aquilo que significa; traz presente o mistério. Na teologia litúrgica, parte-se da ação ritual e, levando em conta outros dados da tradição (Bíblia, patrística, história...), estuda-se como o mistério, aí se expressa e comunica.

Para outros, no entanto, a liturgia é apenas um conjunto de ritos, expressão humana de religiosidade, culto prestado a Deus. A ação ritual é ação humana; está na linha da obrigação da criatura de cultuar o seu Criador. E o estudo da liturgia vai parar entre as disciplinas práticas. Somente os sacramentos escapam dessa redução, entrando na teologia dogmática, mas sem que a liturgia desses sacramentos seja o ponto de partida ou mesmo a referência principal.

De que lado pendem os documentos oficiais? A Constituição Conciliar SC (1963), assim como a *Instrução sobre a Formação Litúrgica nos Seminários* (1979) assume claramente a primeira posição. Contudo, na prática, nem sempre estão sendo seguidos.

> *Nos seminários e nas casas religiosas de estudo, a liturgia deve ser considerada matéria indispensável e prioritária. Nas faculdades, ser contada entre as matérias principais, ensinada tanto do ponto de vista teológico e histórico como do ponto de vista espiritual, pastoral e jurídico (SC 16).*

No presente estudo, assumiremos a liturgia como acontecimento teologal, ação ritual, simbólico-sacramental, a fé cristã expressa em rito, celebração memorial do mistério da salvação. As perguntas básicas para nos ajudar nesse empreendimento poderão ser formuladas da seguinte maneira:

O que acontece, teologicamente falando, quando a comunidade cristã se reúne para celebrar? De que modo Deus aí se revela, se comunica, entra em comunhão conosco, nos faz passar da morte para a vida, nas várias circunstâncias de nossa realidade pessoal e social? Como fazer para que a liturgia seja, de fato, para este determinado grupo, para este determinado povo, no seu contexto social, político, cultural, expressão genuína da fé cristã, em continuidade com a tradição viva da Igreja?

As respostas terão que levar em conta duas coisas: a) a grande tradição da Igreja (contida na Bíblia, nos escritos dos santos Padres de nossa fé, na tradição litúrgica e na tradição oral); b) o enraizamento histórico (eclesial, social, político, cultural) de cada comunidade.

Sempre que possível, partiremos do fato litúrgico, da ação ritual, para nela perceber seu sentido teológico (dialogando com as outras disciplinas teológicas) e a espiritualidade que encerra. Em seguida, virão as questões práticas.

Resumindo

O conjunto de celebrações que formam a liturgia cristã é expressão simbólica, ritual, da fé cristã, centrada no mistério de Deus revelado em Jesus Cristo, no Espírito Santo, principalmente em sua páscoa, em sua morte-ressurreição.

Como seres humanos que somos, necessitamos dessa expressão ritual de nossa fé, ao lado de outras formas como o anúncio e o testemunho. O único mistério celebrado na liturgia quer se expressar numa diversidade de formas celebrativas, acompanhando a inculturação do evangelho de Jesus Cristo na diversidade de povos e culturas.

Entendida como ação ritual, simbólico-sacramental, a liturgia é ao mesmo tempo ação de Deus servindo e santificando seu povo (fazendo-o passar da morte para a vida) e ação do povo, servindo e glorificando a Deus em união com Jesus, no Espírito Santo. Desta comunhão brota a vida cristã e eclesial como um rio brota da fonte e é por ela alimentado. A liturgia faz a Igreja, faz com que se torne sempre mais expressão do mistério de Deus no aqui e agora da história. Por isso, a espiritualidade cristã, assim como a ética, nasce e se alimenta da participação na liturgia; não pode ser reduzida a exercícios de piedade (retiros, meditação, oração pessoal...) que não tenham sua fonte na liturgia.

Liturgia é antes de tudo celebração, ação ritual, acontecimento teologal. Todavia, necessitamos de uma organização pastoral para que todo o povo cristão possa, de fato, participar adequadamente da vida litúrgica. Necessitamos também de formação litúrgica e de estudos especializados.

Para pensar, trocar idéias e experiências

1. O que foi novo para você neste capítulo? Em que sentido?

2. Que conseqüências tira disso para sua maneira de participar da liturgia e para a vida litúrgica de sua comunidade? Ou: Olhando de novo para a lista de celebrações anotada no início: podem ser consideradas liturgia cristã? Sim? Não? Por quê? Ou: Por que as pessoas procuram essas celebrações? O que gostariam de encontrar nelas? Se possível, provoque ou planeje uma conversa com algumas pessoas, ouvindo profundamente as razões de cada um, sem julgar.

Bibliografia complementar

BUYST, I. *Liturgia, de coração;* espiritualidade da celebração. 5. ed. Petrópolis, Vozes, 1999.

LÓPEZ MARTÍN, J. A celebração. In: *No Espírito e na verdade. Introdução teológica à liturgia.* v. 1. Petrópolis, Vozes, 1996. pp. 178-192 (especialmente os itens 1 e 2: *Celebrar e celebração — O que é a celebração*).

MAGGIANI, S. Rito/Ritos. In: *DILI.* pp. 1021-1028.

RUFFINI, E. Celebração litúrgica. In: FIORES, S. DE & GOFFI, Tullo (org.). *Dicionário de Espiritualidade.* São Paulo, Paulinas, 1989. pp. 114-128.

SODI, M. Celebração. In: *DILI.* pp. 183-196.

Capítulo segundo

O MISTÉRIO CELEBRADO
NO PRIMEIRO MILÊNIO DA ERA CRISTÃ

PANORAMA HISTÓRICO GERAL

José Ariovaldo da Silva

O leitor e leitora verão que a liturgia celebrada no primeiro milênio da era cristã teve uma característica muito peculiar, bastante diferente da liturgia de grande parte do segundo milênio.

1. A LITURGIA NOS PRIMÓRDIOS DO CRISTIANISMO

1.1. No período apostólico

Jesus e os seus primeiros seguidores eram judeus, praticavam a religião judaica, participavam normalmente das celebrações litúrgicas da religião do seu povo (templo, sinagogas, festas, orações). Assim sendo, como todo judeu piedoso, eles não deixavam de participar fiel e assiduamente das celebrações religiosas do seu povo. Isso significa que, em termos cultuais, houve uma natural continuidade entre o judaísmo e o movimento cristão emergente.

Jesus e os apóstolos não criaram uma liturgia totalmente nova. Foi sobre formas cultuais já existentes que procuraram encarnar o novo "culto em espírito e verdade" inaugurado por Jesus (cf. Jo 4,23). Aliás, Jesus mesmo declarou que *não veio para abolir a lei e os profetas, mas para dar-lhes cumprimento* (Mt 5,17). Não veio para romper com a liturgia dos pais, mas para aperfeiçoá-la. E ele o fez dando nova orientação a certos ritos judaicos já existentes.

A nossa liturgia cristã, portanto, em seus elementos rituais mais origi-nários, significa simplesmente a continuidade da liturgia hebraica. Contudo — isso é importante! —, a "liturgia hebraica" (vivida e celebrada por Jesus e sua primeiríssima comunidade) assume agora um novo referencial. Carrega-se de um novo sentido. O referencial é a própria novidade Jesus de Nazaré, o Cristo Salvador. Assim, a partir do mistério de Cristo, acon-teceu uma "cristianização" dos elementos rituais herdados/"adotados" do judaísmo. Emerge daí uma "liturgia cristã". A última Ceia é um exemplo típico de reinterpretação "cristã" da ceia pascal judaica: celebração memorial não mais do êxodo, mas da passagem de Cristo deste mundo ao Pai.

Elementos que herdamos do judaísmo,"cristianizados" pelo movimento cristão:
• A organização da liturgia da Palavra da missa (com leituras bíblicas, canto dos salmos, homilia): vem da liturgia judaica celebrada aos sábados nas sinagogas.
• A oração eucarística da missa: foi organizada a partir das "louvações" (orações de louvor) que os judeus faziam durante as refeições familiares e nas sinagogas, exaltando os benefícios da criação e da providência divina sobre Israel.
• Os pedidos da oração dos fiéis na missa: inspiram-se no modelo das dezoito bênçãos com as quais se iniciava a liturgia sinagogal.
• A semana, com o costume de dedicar um dos sete dias à reunião litúrgica (os cristãos a deslocaram do sábado para o domingo, em memória da Ressurreição), as festas de Páscoa, Pentecostes e o próprio conceito de "ano litúrgico" (com uma série de celebrações religiosas que sacralizam o tempo profano), o culto dos mártires.
• Alguns elementos da oração cotidiana (oração da manhã e da tarde: Laudes e Vésperas; o ternário das horas: terça, sexta, noa; a contagem do dia litúrgico de tarde a tarde, isto é, de véspera a véspera).
• O costume de iniciar as orações litúrgicas com a fórmula invocatória "Corações ao alto", "Oremos", "Demos graças".
• A doxologia, isto é, o costume de terminar a oração com um breve louvor a Deus, à maneira do "Glória ao Pai"; o canto dos serafins (Is 6,3: "Santo, santo, santo") usado pelos judeus na oração da manhã.
• As aclamações litúrgicas proclamadas pela comunidade judaica, como "Amém", "Aleluia", "Hosana", "Pelos séculos dos séculos".
• As chamadas orações "paradigmáticas", mediante as quais, fazendo alusão a grandes exemplos (paradigmas) da história da salvação, pede-se a Deus ajuda e salvação.
• A imposição das mãos, um dos gestos mais importantes da liturgia cristã, bem como a unção dos enfermos.
É todo um conjunto riquíssimo de elementos rituais cristãos originários do culto judaico, o que demonstra o quanto nossa liturgia está enraizada na tradição cultual do Antigo Testamento (AT).[1]

Mas também há aspectos fundamentais de descontinuidade, distanciamento e até de ruptura, entre a emergente liturgia *cristã* e a liturgia judaica.

Da parte de *Jesus*, ele demonstra uma atitude profundamente crítica em relação à ordem cultual da religião judaica. O que Jesus quer é resgatar e garantir o fundamento do culto, a saber, o Amor que se desdobra na prática da justiça, da misericórdia, do perdão (cf. Mt 9,13; Os 6,6).[2] Diante da samaritana, ele mesmo proclama que *os verdadeiros adoradores* (a começar por ele mesmo!) *hão de adorar o Pai em espírito e verdade e são estes os adoradores que o Pai deseja* (Jo 4,23).

Também os *discípulos de Jesus*, impregnados da experiência cristã, comportaram-se com grande liberdade frente à religião judaica. Não só

---

[1] Cf. KLAUSER, T. Breve historia de la liturgia occidental I: Desde la primitiva Iglesia hasta Gregorio VII. *Cuadernos Phase 103*. Barcelona. CPh, 2000, p. 6.
[2] Cf. CASTILLO, J. M. *Símbolos de libertad*. Salamanca, Sígueme, 1981. pp. 31-80.

adotaram elementos da tradição cultual de sua religião, mas também — e não sem eventuais tensões — distanciaram-se de uns e romperam com outros. Após a ascensão de Cristo, eles continuaram de certa maneira vinculados ao templo, participando das orações que nele se faziam. Porém, evitavam participar dos sacrifícios rituais. E tinham suas razões para isso: como judeus "cristianizados", estavam convictos de que a morte-ressurreição de Cristo havia superado os sacrifícios da Lei antiga. Conseqüentemente, o templo também perdeu sua razão de ser, sendo substituído pelo verdadeiro Templo que agora é Cristo.

Outro dado importante: num inusitado espírito de abertura para fora do judaísmo, os apóstolos decidiram liberar os pagãos convertidos ao cristianismo do peso da circuncisão e da lei mosaica (cf. At 15,7-11).

Dentro desse clima de liberdade, e também de alegria vivida a partir da experiência do mistério de Cristo, sem renegar as raízes judaicas, e até mesmo em sintonia com elas, mas com senso crítico, a Igreja apostólica soube também criar formas próprias de culto. "Reunir-se junto", "congregar-se" (aspecto comunitário!): eis o que caracteriza a liturgia dos primeiros cristãos (cf. Mt 18,20; 1Cor 11,17.20.33-34; 14,23.26; At 4,31; 20,7-8; Hb 10,25; Tg 2,2 etc.).

Conforme a narração dos Atos dos Apóstolos, os primeiros cristãos "partiam o pão em casa, tomando as refeições com alegria e simplicidade de coração" (At 2,46). Trata-se de reuniões tanto para um "ágape" (refeição fraterna) como também para uma "ceia eucarística" (cf. 1Cor 11,17-34), normalmente celebrada dentro de uma refeição (herança judaica!). Junto com a refeição tinha lugar o "ensinamento dos apóstolos", a "comunhão fraterna" e as "orações" (cf. At 2,42.47; 4,24-31; 12,5). Uma oração que nessas "reuniões" certamente nunca faltava era a "oração de bênção" (oração eucarística: ação de graças), de origem judaica, mas agora com conteúdo e motivo cristãos (pascal cristão!).

Outra novidade: introduziram o costume de realizar as reuniões litúrgicas "no primeiro dia da semana". Inclusive deram um nome a esse dia: "dia do Senhor" (domingo), por ser o dia memorial da ressurreição do Senhor (cf. 1Cor 16,2; At 20,7; Ap 1,10). A celebração da Páscoa anual vai surgir mais tarde. Mas a consciência de uma Páscoa anual já é sentida quando Paulo, ao falar do domingo da Páscoa, proclama: "Cristo, nossa Páscoa, foi imolado" (1Cor 5,7). Quer dizer: a imolação de Cristo substituiu a do cordeiro da Páscoa anual hebraica. A celebração do batismo "no nome de Jesus Cristo" (At 2,38), o batismo "no Espírito Santo", anunciado por João Batista (cf. Mt 3,11; Mc 1,8; Lc 3,16; Jo 1,33) e pelo próprio Jesus a Nicodemos (Jo 3,3-5), é outra novidade.

Enfim, numa palavra, o novo culto "em espírito e verdade", inaugurado por Jesus Cristo, em quem o compromisso amoroso com a vida das pessoas está acima de tudo, acontece nas reuniões litúrgicas dos primeiros cristãos em clima de simplicidade extraordinária, de vitalidade espontânea, de alegria, seja seguindo formas cultuais judaicas daquele tempo, seja rompendo com outras, seja criando novas. E, para garantir a "edificação da comunidade" (1Cor 14,12), os dirigentes têm o cuidado de não deixar introduzir nas reuniões desvios nem desordens contra o espírito comunitário.

Fica claro, pois, que "a comunidade apostólica, embora não tendo ainda uma regulamentação estável da liturgia, já dispunha de algumas formas litúrgicas próprias. Destaca-se a importância das Reuniões de Oração, do batismo e da eucaristia".[3]

Fatores essenciais que contribuíram para a formação e o desenvolvimento da liturgia no período apostólico:
- *a mensagem e atividade de Jesus;*
- *o mistério de sua morte e ressurreição;*
- *a consciência da presença do Senhor entre os seus;*
- *a ação do Espírito Santo.*[4]

1.2. Na era dos mártires

No período seguinte, caracterizado como "era dos mártires" (séculos II e III), os cristãos procuram conscientemente se manter no âmbito da tradição litúrgica judaica, mas com orientação radicalmente nova, é claro. Orações compostas neste período testemunham essa ligação. Por exemplo, as orações de S. Clemente Romano[5] e as orações "eucarísticas" da *Didaqué* ou "Doutrina dos doze apóstolos",[6] do final do primeiro século, são composições tipicamente hebraicas na sua forma, mas agora com conteúdo cristão, focalizando Jesus, o servo de Deus.

Importantes escritores cristãos da época, como Tertuliano (séc. II) e Hipólito de Roma (†235),[7] e inclusive a arte litúrgica deste período fazem contínua alusão a figuras e temas do AT para explicar e fazer viver os mistérios cristãos.

---

[3] Augé, M. *Liturgia: história, celebração, teologia, espiritualidade.* São Paulo, Ave-Maria, 1996. p. 29.

[4] Idem, p. 30

[5] *Carta de S. Clemente Romano aos Coríntios.* 3. ed. Petrópolis, Vozes, 1984. pp. 59-63. Coleção Fontes da Catequese 3.

[6] Trata-se do mais antigo catecismo cristão que conhecemos. É do final do século I e início do século II. Cf. *Didaqué. Catecismo dos primeiros cristãos.* 4. ed. Petrópolis, Vozes, 1983. Coleção Fontes da Catequese 1; cf. também *Didaqué. O catecismo dos primeiros cristãos para as comunidades de hoje.* 7. ed. São Paulo, Paulus, 1989; cf. ainda *La Didajé,* CPh Barcelona, CPL, 1996, pp. 5-22.

[7] Cf. *Tradição apostólica de Hipólito de Roma.* 2. ed. Petrópolis, Vozes, 1981. p. 37ss. Coleção Fontes da Catequese 4; *La tradición apostólica,* CPh Barcelona, CPL, 1996, p. 23ss.

Este é o período em que também se "institucionalizou" a prática apostólica das reuniões para a "fração do pão" em "casas particulares". *Famílias ricas ofereciam as suas moradias para as reuniões da comunidade cristã. Por causa da "planta", essas casas facilmente se prestavam às necessidades litúrgicas da igreja.*[8] Exemplo típico dessas casas temos em Dura Europos (na Mesopotâmia): trata-se de uma casa helenística construída lá pelo ano 200 a.C., transformada em *domus ecclesiae* (casa da Igreja) em 232. Em Roma, existiam cerca de 40 dessas casas. As mais famosas foram descobertas sob as igrejas de S. João e S. Paulo, Santa Cecília, S. Clemente e Santa Pudenciana.

Herdeiros do monoteísmo judaico mas, sobretudo, conscientes da centralidade do "culto espiritual" a partir do mistério de Cristo, e também por causa das perseguições sofridas, os cristãos ao mesmo tempo declararam um vigoroso "não" aos rituais pagãos. Como no tempo apostólico! (cf. 1Cor 10,21-22). Os rituais, templos e ídolos pagãos são considerados criações "diabólicas". Por isso, os cristãos não têm nada a ver com eles. E "pagaram caro" por tal postura, sofrendo sangrentas perseguições! Então, defendendo a jovem Igreja contra as forças "diabólicas" da idolatria, os Padres exaltam a superioridade do cristianismo e desmascaram a corrupção do paganismo.

Defendendo-se contra a acusação, movida pelos pagãos, de que os cristãos eram uma "gente atéia e sem religião", pois não tinham templo, nem altar, nem sacrifícios, nem sacerdotes, os Padres reafirmam e exaltam o culto espiritual.[9]

> *A saber, o "templo" dos cristãos é Cristo e, nele, a própria comunidade dos cristãos, formando em Cristo um só corpo; esta é a morada de Deus. O "altar" é Cristo e, em Cristo, são sobretudo os órfãos e as viúvas, os pobres em geral, sobre os quais os cristãos depositam a oferta de suas próprias vidas. "Sacrifício" é o de Cristo e, em Cristo, a própria vida dos cristãos colocada a serviço das pessoas. Conseqüentemente, "sacerdote" também é Cristo e, em Cristo, todos os cristãos, inseridos no único sacerdócio de Cristo a serviço de todos.*

Por outro lado, quando se trata de elementos culturais ou rituais não estritamente vinculados ao culto pagão, os Padres não demonstram nenhuma dificuldade em usá-los para explicar e viver a liturgia. Nesse sentido, desaparece a intransigência.

> *Tertuliano, para descrever a renúncia batismal, usa a palavra eieratio, termo jurídico, extracultual, que significa "desligamento de um contrato de serviço ou de associação". Ou, para falar da profissão batismal ou de fidelidade a Cristo, usa a expressão* sacramenti testatio *ou* signaculum fidei, *termos técnicos que significam o juramento*

---

[8] CHUPUNGCO, A. Adaptação. In: *DILI.* p. 3.
[9] CASTILLO, J .M. *La iglesia primitiva y la práctica religiosa. Símbolos de libertad*, cit., pp. 81-111.

de fidelidade feito pelo soldado ao imperador romano. Falando da unção pós-batismal, Tertuliano diz que deve ser abundante, a ponto de o óleo escorrer por todo o corpo nu do neobatizado. O rito deve ser realizado desse jeito porque assim o fez Moisés ao ungir Aarão. Com isso, o autor insinua que o batismo confere ao cristão o que no AT a unção conferia ao israelita: o sacerdócio.[10]

Nota-se como elementos da cultura mediterrânea (*eieratio, sacramenti testatio, unção, leite com mel*) prestavam-se perfeitamente a uma interpretação cristã. Tinham uma certa "conaturalidade" para exprimir o mistério cristão. E, para evitar uma interpretação errada ou uma teologia de má qualidade, por parte dos recém-batizados, os Padres insistiram na catequese e na mistagogia, isto é, na apresentação dos mistérios cristãos contidos nestes ritos.

Ou seja, por causa da entrada do Evangelho no mundo helenístico, já a partir do tempo apostólico, não obstante a radical recusa dos ritos pagãos, a liturgia cristã não deixou de se enriquecer com novas formas rituais e toda uma terminologia própria da cultura ambiente.

Isso mostra como a liturgia cristã, já desde os tempos apostólicos, vai-se adaptando aos povos mediterrâneos com sua cultura própria. A liturgia vai-se inculturando, diríamos hoje. O mistério de Cristo passa a ser celebrado também com elementos da cultura local... Inclusive já encontramos neste período importantes elementos testemunhais de uma liturgia mais elaborada e organizada.

A Didaqué, por exemplo, nos dá interessantes informações sobre a vida litúrgica entre os anos 80 e 130: concretamente, sobre a celebração do batismo, sobre o jejum e a oração, sobre a celebração do ágape e da eucaristia, especialmente no domingo.
O procônsul Plínio, o jovem, de Bitínia, numa carta escrita ao imperador Trajano no ano 112, refere-se a duas reuniões litúrgicas num dia estabelecido: uma ao raiar do dia, na qual os cristãos elevam cantos de louvor a Cristo "como a um Deus" e assumem sob juramento observar certos mandamentos; outra à tarde para uma "refeição inocente".[11]

Um testemunho importantíssimo nos vem de Justino, leigo, filósofo convertido ao cristianismo. Lá pelo ano 150, ele escreve uma *Apologia* (defesa) em favor dos cristãos. Aí, entre outras coisas, ele faz uma explanação sobre como se desenrolava normalmente a celebração da missa na comunidade cristã que ele defendia.[12] Trata-se de um testemunho documental interessantíssimo, pois por ele sabemos como se celebrava a missa em meados do século II:

---

[10] CHUPUNGCO, A. Adaptação. In: *DILI*, pp. 3-4.
[11] Cf. ADAM, A. *Corso di liturgia*. Brescia, Queriniana, 1988. pp. 23-24.
[12] Cf. JUSTINO. Apologia I,67. In: *Tradição apostólica de Hipólito de Roma*, cit., pp. 82-83.

E no dia chamado do Sol, realiza-se uma reunião num mesmo lugar de todos os que habitam nas cidades ou nos campos. Lêem-se os comentários dos Apóstolos ou os escritos dos profetas, enquanto o tempo o permitir. Em seguida, quando o leitor tiver terminado a leitura, o que preside, tomando a palavra, admoesta e exorta a imitar estas coisas sublimes. Depois nos levantamos todos juntos e recitamos orações; e como já dissemos, ao terminarmos a oração, são trazidos pão, vinho e água e o que preside, na medida de seu poder, eleva orações e igualmente ações de graças e o povo aclama, dizendo o Amém. Então vêm a distribuição e a recepção, por parte de cada qual, dos alimentos eucaristizados, e o seu envio aos ausentes através dos diáconos. Os que possuem bens e quiserem, cada qual segundo sua livre determinação, dão o que lhes parecer, sendo colocado à disposição do que preside o que foi recolhido. Ele por sua vez socorre órfãos e viúvas, os que por enfermidades ou outro qualquer motivo se encontram abandonados, os que se encontram em prisões, os forasteiros de passagem; em uma palavra, ele se torna provedor de quantos padecem necessidade.

Como se vê, temos aí apresentadas todas as partes principais da missa: reunião em assembléia no "dia do Sol"[13] (isto é, no domingo), escuta da Palavra, homilia, oração dos fiéis, preparação das oferendas, oração eucarística, comunhão, socorro aos necessitados. Logo em seguida, Justino explica por que os cristãos se reúnem no "dia do Sol":

Fazemos a reunião todos juntos no dia do Sol, porque é o primeiro dia, em que Deus, transformando as trevas e a matéria, fez o cosmo, e Jesus Cristo, nosso Salvador, no mesmo dia ressuscitou dentre os mortos.

A *Tradição apostólica* de Hipólito de Roma (ano 215) também é outro documento importantíssimo que nos ajuda a perceber como era organizada e celebrada a liturgia nesse período. Refere-se ao batismo (com um itinerário de iniciação cristã já bem detalhado), à eucaristia (com uma "oração eucarística" já elaborada),[14] às ordenações (de bispo, presbítero e diácono, com uma oração consecratória para cada um destes graus), às bênçãos, às orações e ao ágape.

No que diz respeito ao batismo, eucaristia e ordenações, também Tertuliano (por volta de † 220) e Cipriano († 258) nos oferecem bons testemunhos.

Não obstante os elementos litúrgicos já mais ou menos elaborados e organizados, o que predomina ainda é um clima de grande espontaneidade e ampla liberdade para improvisar as orações. Não existiam livros litúrgicos como temos hoje. Muitas vezes, com base num esquema definido (a grande bênção da ceia pascal judaica era, sem dúvida, um referencial, como já dissemos anteriormente!), o presidente da assembléia improvisava a oração de acordo com suas habilidades. Isso nós vemos pelos próprios documentos.

---

[13] Dia dedicado ao deus Sol na tradição religiosa romana.
[14] Essa "oração eucarística" foi acolhida e introduzida no nosso missal romano, depois do Vaticano II, com algumas adaptações: é a Oração Eucarística II.

2. A LITURGIA EM FASE DE ESTRUTURAÇÃO PLENA (SÉC. IV A VIII)

Conhecer a história da liturgia neste período é com certeza importantíssimo para promovermos hoje uma pastoral litúrgica teologicamente criteriosa, como aliás é o desejo do Concílio Vaticano II. Afinal, é neste período que a liturgia atinge sua plena fase de estruturação, transformando-se em referencial necessário para uma sadia adaptação do culto cristão aos povos de hoje, com sua cultura, seu jeito de ser.

2.1. A virada do século IV

Em 313 o imperador Constantino decretou liberdade total para a Igreja. Fim das perseguições! Resultado: o número de cristãos se multiplica a olhos vistos. É que, a partir de então, ser cristão passou a significar uma honra a mais: equivalia a ser também cidadão do império. Questão de honra cívica! Pois o imperador (cuja figura antes era adorada como deus) agora também é cristão! Conseqüentemente, sob natural e maciça influência da cultura romana, dentro da nova situação política, religiosa e social estabelecida, a liturgia passa a sofrer profundas e duradouras mudanças em sua forma e compreensão.[15]

A partir de agora, sobretudo para celebrar a eucaristia presidida pelo bispo, os cristãos passam a se reunir em ambientes amplos, nas basílicas, e, pela influência então direta da cultura romana, as celebrações se transformam em algo progressivamente solene e régio. Inclusive os ritos da iniciação cristã, na vigília pascal, assumem um caráter imponente e suntuoso.

Não obstante toda a adaptação e toda a criatividade em processo, também permanece um certo apego às formas tradicionais. Isso é percebido na construção de diversas basílicas constantinianas, cujo modelo de fundo continua sendo a antiga *domus ecclesiae*. Como afirma A. Chupungco: "A basílica constantiniana não passa de uma *domus ecclesiae* aumentada e muito estilizada".[16]

A Bíblia continua a ser, como antes, a principal fonte de inspiração na composição dos textos litúrgicos e na explicação dos mistérios cristãos.

Também neste período (e sobretudo neste!), a liturgia cristã recebe elementos próprios da cultura. Assim, dentro do novo contexto político, social e eclesial, as celebrações da liturgia se revestem dos esplendores característicos da corte imperial. As liturgias se transformam em suntuosos "cerimoniais pontificais" adaptados dos cerimoniais usados na corte. Os ministros ordenados, no serviço do altar, são revestidos de uma dignidade, de honras e indumentária próprias dos mais altos dignitários do império

---

[15] Cf. CHUPUNGCO, A. Adaptação. In: *DILI*, pp. 4-5.
[16] Ibid., p. 5.

romano.[17] No fundo, é o mistério pascal de Cristo que, visto como esplendor, passa a ser expresso exteriormente na forma esplêndida dos cerimoniais da corte imperial. O "imperador" agora é Cristo, representado por seus ministros revestidos de honras e dignidade à altura.

> Terminadas as perseguições, termina também o antagonismo relativo ao culto pagão. E não só isso! Agora os cristãos chegam inclusive a adotar elementos rituais pagãos para celebrar a liturgia.[18] A prática de se voltar para o oriente na hora do batismo começou por influência das religiões solares mediterrâneas (cf. 5).

O método usado nas adaptações é o da assimilação e da reinterpretação. Mas também usou-se o método da substituição. A saber, elementos cultuais pagãos (sobretudo festas) foram substituídos por elementos cristãos, anulando praticamente os pagãos. Certa semelhança entre temas ou analogias entre festas pagãs e cristãs levou a Igreja a instituir as suas festas no lugar das pagãs e em oposição a elas. Caso típico é a festa do Natal: entrou no lugar da festa do nascimento do deus Sol da religião pagã. A festa da cátedra de São Pedro, no dia 22 de fevereiro, substituiu a festa romana que comemorava os antepassados falecidos. Nesse dia, os cristãos passaram a comemorar o seu grande antepassado São Pedro, cuja autoridade é representada pela cátedra.

> Elementos que os cristãos adotaram do mundo cultural greco-latino, em parte de suas religiões mistéricas, para celebrar a liturgia:
> • os principais elementos que vão configurar o rito de admissão no batismo cristão, com seus exorcismos e unções; inclusive a idéia de fazer a celebração batismal na noite da Páscoa, e até mesmo a idéia da "vigília";
> • a disciplina do arcano, isto é, o costume cristão muito antigo de fazer profundo silêncio no momento central dos ritos e, especialmente, das fórmulas sagradas;
> • a tendência a formar as orações de acordo com as leis da retórica clássica, especialmente de acordo com a lei da simetria e da conclusão rítmica;
> • o costume de rezar voltado para o oriente, com o conseqüente costume de construir as igrejas cristãs direcionadas para o nascer do sol, é de origem helenística (no judaísmo costumava-se rezar voltado para o templo de Jerusalém);
> • numerosas expressões do vocabulário litúrgico cristão: a própria palavra "liturgia", e outras como "eucaristia", "eulogia", "mysterium", "praefatio", "cânon", "anámnesis", "epíclesis", "ágape", "epifania", "adventus", "exorcismus", "doxologia", "acclamatio", "hymnus", "vigilia" etc.;
> • enfim, também as aclamações comunitárias como: "Kyrie eleison", "Dignum et iustum est" e "Deo gratias".[19]

---

[17] Isso aparece nas próprias orações para a ordenação dos bispos, dos presbíteros e dos diáconos, em que se usam termos como "honra", "dignidade" e "grau" (termos que eram atribuídos a cargos públicos com seus diferentes níveis de dignidade e de honra, e que agora entram para a linguagem litúrgica). Quanto à indumentária, os ministros ordenados, para presidir e atuar na celebração dos sagrados mistérios, adotam as roupas festivas próprias dos mais altos fucionários do império romano (a *túnica* romana, a *paenula* ou *toga*, e a *mappula*). Estas, passando depois por modificações, transformam-se nos paramentos sagrados da liturgia romana.

[18] Pode-se ler um detalhado elenco desses elementos em Chupungco, A. Adaptação. In: *DILI*. p. 5.

[19] Cf. Klauser, T. *Breve historia de la liturgia occidental I*, cit., p. 7.

2.2. Formação das grandes famílias litúrgicas

Vimos que as primeiríssimas manifestações litúrgicas cristãs se deram nas formas rituais próprias do judaísmo. Ao mesmo tempo, à medida que pessoas de outras culturas iam-se incorporando à Igreja, a liturgia cristã adotou também expressões próprias dessas culturas, resultando daí uma crescente diversificação de formas externas de celebrar o mistério de Cristo.

Podemos classificar esta evolução nos seguintes estágios cronológicos. Primeiro (séculos I-II), há uma certa unidade litúrgica (não uniformidade rígida) em todas as comunidades. Procura-se garantir o que é essencial, recebido da tradição, em meio a uma grande liberdade e espontaneidade. Depois (séculos III-IV), vai-se criando uma multiplicidade sempre maior de formas celebrativas: cada comunidade vai fixando seus costumes, seus ritos, suas orações. Finalmente (a partir do século V), em plena atmosfera de liberdade estabelecida sob Constantino e seus sucessores, se dá uma unificação progressiva (não ainda de tipo universal, mas regional): é o momento da criação das diversas famílias ou ritos litúrgicos, tanto no Oriente como no Ocidente.[20]

> Desde a primeira comunidade de Jerusalém até a parusia, é o mesmo mistério pascal que é celebrado, em todo lugar, pelas Igrejas de Deus fiéis à fé apostólica. O mistério celebrado na liturgia é um só, mas as formas da sua celebração são diversas.
>
> A riqueza insondável do mistério de Cristo é tal que nenhuma expressão litúrgica é capaz de esgotar sua expressão. A história do surgimento e do desenvolvimento desses ritos atesta uma complementaridade surpreendente. Quando as Igrejas viveram essas tradições litúrgicas em comunhão na fé e nos sacramentos da fé, enriqueceram-se mutuamente e cresceram na fidelidade à tradição e à missão comum à Igreja toda.
>
> As diversas tradições litúrgicas surgiram justamente em razão da missão da Igreja. As Igrejas de uma mesma área geográfica e cultural acabaram celebrando o mistério de Cristo através de expressões particulares tipificadas culturalmente: na tradição do "depósito da fé" (2Tm 1,14), no simbolismo litúrgico, na organização da comunhão fraterna, na compreensão teológica dos mistérios e nos tipos de santidade. Assim, Cristo, luz e salvação de todos os povos, é manifestado pela vida litúrgica de uma Igreja, ao povo e à cultura aos quais ela é enviada e nos quais está enraizada. A Igreja é católica: pode integrar na sua unidade, purificando-as, todas as verdadeiras riquezas das culturas" (Catecismo da Igreja Católica, nn. 1200-1202).

Da diversidade de formas com que o mesmo mistério de Cristo foi sendo celebrado, surgiram e organizaram-se então os diferentes ritos que, por sua origem histórica, constituem-se em grandes famílias litúrgicas, originadas a partir dos mais antigos e influentes patriarcados: Antioquia, Alexandria, Roma. A ação missionária destes grandes centros religiosos e culturais expandiu a sua liturgia para outras terras, formando novos ramos litúrgicos, mas conservando um tronco comum.

---

[20] Cf. LLOPIS, J. La liturgia a través de los siglos, Emaús 6, Barcelona, CPL. pp. 23-29.

Para compreender melhor, tenhamos em mente a seguinte grande distinção: existem as liturgias *orientais* e as *ocidentais*.

As *liturgias orientais* (do Oriente) se distinguem em dois grupos, por causa dos seus patriarcados de origem (Antioquia e Alexandria): o grupo *antioqueno* e o grupo *alexandrino*. O grupo *antioqueno* se subdivide em *siríaco ocidental*[21] (que compreende o siríaco de Antioquia, o maronita, o bizantino e o armeno) e *siríaco oriental* (que compreende o rito nestoriano, o caldeu, na Mesopotâmia, e o malabar, na Índia). O grupo *alexandrino* abrange o rito copta e o etiópico.

As *liturgias ocidentais* (do Ocidente) são: a romana (da diocese de Roma), a ambrosiana (própria da diocese de Milão), a hispânica (peculiar da Espanha), a galicana (das Gálias) e a celta (elaborada entre os povos celtas, no ambiente geográfico que compreende a Irlanda, a Escócia e País de Gales). Atualmente, na prática, conserva-se apenas um rito ocidental: o romano. Dos outros, restaram apenas vestígios, ou estão limitados a lugares bem determinados (como é o caso dos ritos ambrosiano e hispânico).

2.3. A formação da liturgia romana clássica

A estas alturas nos detemos particularmente no estudo da liturgia romana propriamente dita, exatamente porque ela não só exerceu fortíssima influência sobre as liturgias ocidentais, mas também porque, durante séculos, praticamente foi a única liturgia do Ocidente (latino) e dos povos de missão (América, Ásia e África).

Conhecê-la no seu estado original puro nos ajuda hoje, com certeza, a promover uma pastoral litúrgica teologicamente criteriosa, como aliás é o desejo do Concílio Vaticano II.

Estamos no período que vai do século IV até o século VIII. É o tempo em que a Igreja romana foi desenvolvendo e formando a sua liturgia na forma esplêndida que lhe é característica, até alcançar sua forma madura, plenamente elaborada e organizada, e "extraordinariamente rica sob o ponto de vista teológico".[22] É a chamada "idade de ouro da liturgia romana".[23] Posteriormente, esta liturgia romana clássica vai entrar em contato com os povos franco-germânicos, sofrendo numerosas modificações: ela deixa de ser liturgia romana pura.[24]

---

[21] Siríaco porque Antioquia era um patriarcado da Síria.

[22] NEUNHEUSER, B. História da Liturgia. In: *DILI*. p. 531.

[23] Cf. LLOPIS, J. *La liturgia a través de los siglos,* cit., pp. 31-36.

[24] Infelizmente, ainda hoje, quando falamos em liturgia romana, inadvertidamente a identificamos como liturgia do período posterior ao século VIII, misturada com elementos franco-germânicos. Na verdade, liturgia romana é aquela que se produziu entre os séculos IV ao VIII, e que o Concílio Vaticano II procurou resgatar.

2.3.1. Causas

As causas do florescimento e estruturação da liturgia romana clássica estão na própria mudança de situação política e eclesial a partir de 313 (como já vimos), em que o cristianismo se converte em religião oficial do Império Romano.

Cresce o número de cristãos por todos os lados. Resultado: a liturgia sai das catacumbas e das casas particulares e se estabelece nas "basílicas" (espaços inspirados na arquitetura civil, apropriados para acolher multidões e adaptados para grandes assembléias litúrgicas). Conseqüentemente (e dada a espontânea vontade de se revestir a liturgia com os cerimoniais próprios da corte imperial), surge o natural imperativo de se elaborar/organizar as celebrações litúrgicas de forma mais fixa e rígida.

Assim, os bispos de Roma, que gozavam de crescente prestígio e autoridade, vão criando por escrito inúmeras orações. Introduzem novos ritos. São inovadores e dinâmicos. Sabem adaptar a cultura da época às exigências da fé.

2.3.2. Formação dos livros litúrgicos

Agora, sente-se a necessidade de redigir tais fórmulas por escrito, em pequenos folhetos, para uso na missa. As melhores iam sendo guardadas para serem novamente usadas em outra oportunidade ou em outras comunidades. Num seguinte passo, por causa de sua qualidade literária, conteúdo teológico e prestígio dos seus autores, essas orações foram sendo selecionadas e recopiadas todas juntas em forma de livro.

Surge então o primeiro livro litúrgico romano, chamado *Sacramentário*. É o livro litúrgico que contém as orações presidenciais tanto para a celebração da eucaristia como dos demais sacramentos. Remontam aos séculos V e VI. São vários, com nomes diversos segundo seu conteúdo e finalidade, e com textos que remontam aos papas Leão Magno (440-461), Gelásio (492-496), Vigílio (537-555) e Gregório Magno (590-604).

Os mais importantes Sacramentários do rito romano são:
• o Veronense (porque se encontra na biblioteca de Verona), chamado também de Leoniano (porque muitas de suas orações foram compostas pelo papa Leão Magno, mas têm textos também dos papas Gelásio e Vigílio);
• o Gelasiano antigo (erroneamente atribuído ao papa Gelásio; na realidade é uma coleção de textos utilizados nas igrejas presbiterais de Roma);
• o Gregoriano (porque contém uma coleção pessoal de textos do papa Gregório Magno), dos quais foram conservados vários tipos (o do papa Adriano, o de Pádua e o revisto por Alcuíno). [25]

---

[25] Cf. SCICOLONE, I. Livros litúrgicos. In: *DILI.* pp. 686-687.

Também para proclamar a palavra de Deus na liturgia fez-se com o tempo uma seleção de textos bíblicos, que depois foram copiados num único livro, de forma ordenada segundo o correr do ano litúrgico. Nasce assim o *Lecionário*: o livro litúrgico dos ministros encarregados de proclamar a palavra de Deus. Para a missa, o *Lecionário* compreendia dois livros, segundo sua finalidade: o *Evangeliário* (para uso do diácono) e o *Epistolário* (para uso do leitor). Seus manuscristos mais antigos remontam aos séculos VI e VII.

Surgiram também os *Antifonários*, igualmente dos séculos VI e VII, que são coletâneas de textos e melodias para serem usadas pelo coro na missa. Há ainda os próprios para serem usados no Ofício Divino.

Enfim, temos o *Ordo*, livro que descreve o modo de executar as ações litúrgicas. É um livro de normas e orientações para que as ações litúrgicas decorram em ordem. Para cada tipo de celebração existia um *Ordo*. Por isso, somam ao todo uns cinqüenta. Os mais importantes são o *Ordo I* (que apresenta um quadro da "missa solene" romana por volta do século VII), e o *Ordo XI* (que apresenta toda a orientação para a celebração do catecumenato e da iniciação cristã: batismo e confirmação).

2.3.3. Elementos característicos da liturgia romana clássica

Pela amplidão dos espaços basilicais e a adoção de solenidades provindas de usos imperiais, foram introduzidas na missa três grandes procissões, todas elas acompanhadas de um canto:

— a solene procissão de entrada (*Introitus*) do presidente com seus ministros;

— a procissão levando ao altar os dons do pão e do vinho;

— a procissão em direção ao altar para receber a comunhão sob duas espécies.

No final de cada uma dessas procissões foi introduzida uma oração (respectivamente: coleta, sobre as oferendas, após a comunhão), que varia segundo o correr do ano litúrgico. Também se ritualiza a proclamação do evangelho, reservada ao diácono e precedida de uma procissão acompanhada de luzes, incenso e a aclamação do Aleluia. Praticamente desaparece a oração dos fiéis (só fica na Sexta-feira Santa). Mas a aclamação desta oração ("Senhor, tende piedade de nós") permanece (porém deslocada para o início da missa).

A "Oração Eucarística" (chamada "cânon romano") é única, imutável (com pouquíssimas exceções) para todos os dias do ano, mas com uma grande variedade e riqueza de prefácios.

Aos poucos, por influência de papas de origem oriental, foi acrescentado na missa o canto de um antiquíssimo e famoso hino chamado "Glória" e também do hino chamado "Cordeiro de Deus".

As orações (coleta, sobre as oferendas, prefácios, após a comunhão) traziam evidentes traços do gênio romano: nobre simplicidade, sobriedade, concisão, praticidade. Com poucas palavras (e em forma literária elegante!), elas se atêm ao essencial.[26] São geralmente dirigidas ao Pai, por Cristo, no Espírito Santo.

A celebração eucarística na liturgia romana clássica tem como finalidade adorar a Deus Pai, mas por meio de Jesus Cristo, na representação do seu sacrifício único. O culto eucarístico é impressionantemente sóbrio. Com muita reserva se fala da adoração do santo alimento. Não existiam sinais de veneração no momento da consagração, nem depois. Muito menos existia adoração ao Santíssimo durante a missa, como se entende e se faz hoje. As próprias orações depois da comunhão evitam as palavras "corpo" e "sangue". Elas falam da eucaristia como "alimento" e "bebida", "sacramento", "mistério sagrado" e "dom celeste". Na missa romana, a eucaristia nos é dada por Deus acima de tudo para ser comida e bebida, e não tanto para ser adorada.

Quanto ao Ano Litúrgico, o Domingo se converte oficialmente em dia de repouso, possibilitando celebrações eucarísticas mais longas e solenes. Os diversos tempos litúrgicos se organizam de maneira estável e com matiz próprio. O Natal passa a ser preparado por um tempo de quatro semanas, chamado Advento. A celebração anual da Páscoa se estrutura na forma de um Tríduo Pascal, formado pela Sexta-feira Santa, Sábado Santo e a Vigília Pascal, celebrando respectivamente a paixão-morte, sepultura e ressurreição do Senhor. Organiza-se um tempo de quarenta dias (Quaresma) de preparação para celebração o Tríduo, e a Festa da Páscoa se prolonga por cinqüenta dias (Tempo Pascal), culminando com a festa do Espírito Santo no qüinqüagésimo dia (Pentecostes). Também se introduzem festas especiais de Maria e memórias dos mártires e outros santos.

A iniciação cristã atinge a máxima solenidade. A Quaresma é a última etapa de preparação dos catecúmenos para o batismo, que é celebrado solenemente na Vigília pascal. No caso de um cristão (depois de iniciado e batizado) cometer algum delito sério, deveria ingressar na "ordem dos penitentes" para uma espécie de *reciclagem* (chamada de "penitência pública"). Na Quinta-feira Santa fazia-se então a reconciliação desses penitentes, numa missa própria com toda a comunidade. Ainda não existia a prática da penitência sacramental privada. As ordenações eram celebradas conforme a antiga tradição, e o povo colaborava ativamente na eleição dos candidatos. Quanto ao matrimônio, não era feito na igreja. A bênção nupcial era dada pelo ministro ordenado na casa dos pais do

---

[26] Para mais informações sobre o assunto, consultar: AUGÉ, M. *Liturgia...*, cit., p. 37 e NEUNHEUSER, B. História da Liturgia. In: *DILI*. p. 534.

noivo, na hora do contrato. Quanto à unção dos enfermos, sublinhava-se a importância primordial da bênção do óleo pelo bispo, e o uso deste óleo não era restrito aos sacerdotes.

A participação do povo na liturgia, neste período, continua sendo espontânea e viva, com grande equilíbrio entre o pessoal e o comunitário.

Sobretudo a partir do século VI, desenvolve-se o canto litúrgico, dando à liturgia um tom ainda maior de solenidade e de elevação artística, que atrai e comove o povo.

3. A PASSAGEM DA LITURGIA ROMANA PARA AS IGREJAS FRANCO-GERMÂNICAS

Na altura do século VII os diversos ritos litúrgicos, tanto do Oriente como do Ocidente, já tinham adquirido suas características fundamentais.

Um dos fenômenos mais interessantes e, talvez, dos mais importantes para entendermos inclusive as origens remotas de nossa cultura religiosa brasileira e latino-americana, é o fenômeno da *migração* da liturgia romana para as terras franco-germânicas ao longo do século VIII e início do século IX.

Essa "migração" se deu primeiro de maneira quase imperceptível e um tanto casual, e depois de maneira consciente. Por ela, a liturgia romana foi adaptada à liturgia galicana para depois voltar (modificada) a Roma como fundamento da liturgia romana da Idade Média.

As principais causas desse processo de fusão são: 1) admiração pela liturgia romana; 2) crescente insegurança e insatisfação (da parte de muitos bispos e abades franco-germânicos) pelo diversificado tipo litúrgico galicano.

> *Inicialmente, foram peregrinos dos países franco(gálico)-germânicos, cheios de admiração pelo cerimonial, pelos edifícios e pelos textos da liturgia romana, papal, que a tornaram conhecida no norte com os seus relatos, com os seus esboços e croquis e, enfim, com os elementos de uma liturgia grandiosa, monumental, não obstante simples, como também sua peculiaridade teológica, sem contudo renunciar completamente ao seu patrimônio próprio, tal como se conservou até hoje nos documentos da liturgia galicana antiga (no "Missale Gothicumm, Francorum, Gallicanum Vetus"), caracterizada por predileção pela linguagem sentimental, cálida, comovente, e pela ação dramática.*[27]

Dado o apreço que se tinha pela liturgia de Roma, o imperador Carlos Magno, lá pelo ano 783, acabou pedindo ao papa Adriano I uma cópia de um sacramentário autenticamente romano. Seu intuito, provavelmente por motivos políticos, era uniformizar a liturgia em todo o império franco-germânico. Foi-lhe enviada uma cópia do Sacramentário Gregoriano.

---

[27] NEUNHEUSER, B. História da Liturgia. In: *DILI.* p. 534.

Entretanto, assim que se começou a usar este livro nas igrejas do império, percebeu-se que nele faltavam vários formulários de missas e de bênçãos, que o povo tinha em alta consideração. Por esse motivo, foram incorporados ao sacramentário vários elementos próprios da liturgia galicana em uso nessas terras (bênçãos do círio pascal, orações para ordenações, bênçãos, dedicações de igrejas, exorcismos). Resultado: um sacramentário tipicamente romano acabou sendo adaptado às preferências dos povos nórdicos pelo drama, pela abundância de palavras e pelo moralismo. E resultou daí uma liturgia híbrica, romano-franco-germânica, que aparecerá reelaborada em livros litúrgicos posteriores, entre os quais destaca-se o *Pontifical Romano-Germânico do século X.*

As orações simples, breves e sóbrias da liturgia romana, agora se mesclam com formulários longos, em linguagem comovente, cheia de sentimento e dramaticidade, próprios de liturgia galicana.

A dramaticidade das orações e ações litúrgicas liga-se à mentalidade religiosa dos povos franco-germânicos, caracterizada por um acentuado pavor diante da divindade, uma forte consciência de pecado, um inquietante sentimento de culpa, angústia diante da morte e do juízo iminente e, conseqüentemente, um grande individualismo religioso (cada qual trate de "salvar a sua alma"!), apoiado sobretudo nas devoções. São sentimentos e atitudes que agora vão impregnando fortemente a liturgia.

A missa deixa de ser um ato comunitário para converter-se numa devoção privada do sacerdote ou de cada um dos fiéis assistentes. Também se perde o sentido pascal da celebração cristã: já não domina a ação salvadora de Deus, mas o esforço humano de tipo devocional, e se dá mais importância aos aspectos sentimentais da meditação da paixão de Cristo do que a dimensão mistérica da fé na ressurreição.[28]

Do período franco-germânico são também grandes composições literárias e poéticas para a liturgia. Uma delas é o famoso hino *Veni Creator Spiritus* (Vinde, Espírito Criador). Também deste período são as magníficas igrejas românicas na Alemanha, França e Espanha.

Como se vê, a liturgia romana passou por muitas e profundas transformações no encontro com o temperamento franco-germânico. As atenções, que antes convergiam para eixo central da liturgia (mistério de Cristo), deslocam-se do essencial para uma infinidade de manifestações subjetivas de uma espiritualidade fortemente individualista, pouco pascal e pouco eclesial-comunitária. E o mais curioso é que esta liturgia "transformada" foi adotada mais tarde por Roma como sendo "liturgia romana" obrigatória para todas as igrejas do Ocidente!

---

[28] LLOPIS, J. *La liturgia a través de los siglos*, cit., p. 38.

Resumindo

A liturgia de grande parte do primeiro milênio, sobretudo até o século VIII, era vivida e compreendida como celebração memorial do mistério de Deus atuando na história. Uma liturgia com característica fortemente pascal, vivida em clima eucarístico (ação de graças) e de compromisso eclesial-comunitário, em que o contato direto dos cristãos com a palavra de Deus era permanente. Uma liturgia cujo ator da celebração era a comunidade presidida por seus pastores. Participada por todos, ela era "a devoção popular". Não existiam outras devoções. A centralidade do mistério pascal é que era determinante. Inclusive os mártires eram celebrados à luz desse mistério.

A liturgia de grande parte do primeiro milênio, pelo menos dos oito primeiros séculos, foi uma liturgia que, procurando ser fiel à tradição cristã e apostólica, adaptou-se a diferentes povos com sua cultura, tanto no Oriente como no Ocidente, formando inclusive verdadeiras "famílias litúrgicas", com sua língua e costumes próprios.

Nos dois últimos séculos do primeiro milênio vivemos um tempo de transição na liturgia romana. É o período da fusão entre a liturgia romana propriamente dita e a liturgia galicana dentro do império franco-germânico. Nesta fusão, a liturgia romana passa por profundas transformações: passa de um cunho pascal e comunitário (eclesial), com nobre simplicidade, para um caráter eminentemente devocionalista e individualista, com sortidas complicações. Trata-se de uma "passagem" sumamente significativa, pois determinará os rumos da liturgia ocidental em praticamente todo o segundo milênio da era cristã, como veremos a seguir.

Para pensar, trocar idéias e experiências

1. O que foi novidade para você no estudo sobre "A liturgia no período apostólico"?

2. Jesus e seus primeiros seguidores têm algo a ensinar às nossas comunidades em termos de celebração da liturgia? O que nos ensinam?

3. O que foi novidade para você no estudo sobre "A liturgia na era dos mártires"?

4. As comunidades cristãs dos séculos II e III têm algo a ensinar às nossas comunidades em termos de celebração da liturgia? O que nos ensinam?

5. O que foi novidade para você ao estudar a liturgia em sua fase de estruturação plena (séc. IV a VIII)? Que elementos você destacaria?

> 6. As igrejas desse período têm algo a ensinar às nossas comunidades em termos de celebração da liturgia? O que nos ensinam?

Bibliografia complementar

AUGÉ, M. *Liturgia: história, celebração, teologia, espiritualidade.* São Paulo, Ave-Maria, 1996. pp. 26-43.

BASURKO, X. & GOENAGA, J. A. A vida litúrgico-sacramental da Igreja em sua evolução histórica. In: BOROBIO, D. (org.). *A celebração na Igreja 1: Liturgia e sacramentologia fundamental.* São Paulo, Loyola, 1990. pp. 37-97.

CHUPUNGCO, A. Adaptação. In: *DILI.* pp. 2-6.

LLOPIS, J. *La liturgia a través de los siglos*, Emaús 6, Barcelona, CPL, 1993. pp. 5-39.

MARSILI, S. et alii, Panorama histórico da liturgia, *Anámnesis* 2, São Paulo, Paulinas, 1987.

NEUNHEUSER, B. História da liturgia. In: *DILI.* pp. 522-535.

Vv.AA. História da liturgia: ritos e famílias litúrgicas. In: MARTIMORT, A. G. (org.). *A Igreja em oração. Introdução à liturgia I: Princípios da liturgia.* Petrópolis, Vozes 1988. pp. 40-70.

Capítulo terceiro

O MISTÉRIO CELEBRADO NO SEGUNDO MILÊNIO DA ERA CRISTÃ

PANORAMA HISTÓRICO GERAL

José Ariovaldo da Silva

O leitor e a leitora verão que a liturgia *romana* celebrada no segundo milênio assumiu, na maior parte deste período, um padrão que se distanciou consideravelmente da tradição antiga. Só no final do milênio, com o movimento litúrgico e o Concílio Vaticano II, é que a Igreja pôde se lançar ao trabalho de retorno às fontes e de resgate do verdadeiro espírito da liturgia.

1. A LITURGIA ROMANA EM NOVA FASE, OU A LITURGIA ROMANA DA IDADE MÉDIA (SÉC. X A XIV)

O final do primeiro milênio, como vimos há pouco, assistiu à significativa transformação por que passou a liturgia romana no encontro com a índole franco-germânica. Curiosamente, a liturgia mista formada no império carolíngio acaba sendo adotada pela Igreja de Roma. Em outras palavras, a liturgia de Roma inicia uma *nova* fase que perdurará por séculos afora.

1.1. Roma adota a liturgia romano-franco-germânica

A partir do final do século IX a vida espiritual e litúrgica em Roma passa por uma tremenda crise. A situação é tristemente decadente, caótica. Ao trono pontifício sobem homens indignos. Tanto os papas como o clero em geral mostram pouquíssimo interesse pela vida litúrgica da Igreja. Nem livros litúrgicos se faziam mais. O desleixo era total! A liturgia tipicamente romana estava ameaçada de morte. Logo em Roma, que elaborou e viveu dos séculos IV ao VIII (como vimos) uma liturgia invejavelmente exuberante e rica!

Diante dessa situação intervêm os piedosos Imperadores Otão I e Otão II, da Alemanha. Em suas viagens a Roma, ficavam horrorizados com o caos religioso e cultual que lá reinava. Resultado: eles mesmos tomam a iniciativa de promover a vida litúrgica na cidade eterna. Como? Insistindo no uso de livros litúrgicos que eles mesmos traziam de suas terras, isto é, os livros litúrgicos romano-franco-germânicos.

O que acontece, pois? A cidade eterna, pátria da liturgia romana, acaba adotando a liturgia híbrida romano-franco-germânica que se formara no norte dos Alpes a partir do século VIII.

Com isso, podemos dizer que a Igreja franco-germânica salvou a liturgia romana em seu tempo de crise. A vida litúrgica e espiritual em Roma assume um novo estilo, uma nova sensibilidade com a contribuição dos povos franco-germânicos. Assume o estilo romano-franco-germânico, cujas peculiaridades já nos são conhecidas.

1.2. A reforma de Gregório VII

Superada a decadência sofrida por Roma no século X, os papas voltam a assumir as rédeas da liturgia romana, cedidas durante quase três séculos aos soberanos e aos bispos do norte dos Alpes.

O primeiro papa que se destaca nesse sentido é Gregório VII (1073-1085). Seu intuito é recuperar as tradições antigas. Ele mesmo avalia desfavoravelmente o período anterior, no qual (como diz) "o comando da Igreja romana havia sido entregue aos teutões".

Gregório VII tomou a decisão de promover uma ampla e profunda reforma na Igreja. Tal reforma consistia, entre outras coisas, em moralizar o clero e aumentar o apreço pelo sacerdócio. Nesse contexto entra o interesse específico pela liturgia. A liturgia (como prega a reforma gregoriana) exige dignidade, santidade e coerência de vida de quem tem o dever de presidi-la. No entanto, por falta de conhecimento histórico, pensava-se mais em liturgia interpretada como atividade própria e quase exclusiva dos sacerdotes ("coisa de padre", diríamos hoje!). Como se vê, nesse trabalho de moralização do clero, reforça-se ainda mais a monopolização clerical da liturgia, herdada da tradição franco-germânica. Assim sendo, mesmo buscando o retorno às antigas tradições, Gregório VII não recupera o caráter comunitário próprio da liturgia romana clássica dos séculos IV ao VIII.

A reforma gregoriana visa também garantir definitivamente a autoridade suprema do papa. Como conseqüência, ocorre um processo de centralização romana. Em termos cultuais, todas as igrejas no Ocidente são obrigadas a seguir o modelo de liturgia da cúria romana, isto é, o tipo de liturgia que o papa e seus colaboradores celebram, e que, no fundo (mesmo com os retoques feitos dos livros litúrgicos), mantém a estrutura fundamental romano-franco-germânica adotada no tempo dos Otões. Um dos resultados típicos dessa centralização foi a supressão da liturgia hispânica.

Numa palavra, a reforma litúrgica de Gregório VII teve pouco sucesso. Não se conhecendo a real situação histórica, acaba-se instaurando e consolidando em Roma (e de Roma para o mundo!) a liturgia "romano"-franco-germânica.

1.3. A reforma de Inocêncio III

O papa Inocêncio III (1198-1216) dedicou-se à reforma dos livros litúrgicos. Ele "codificou os costumes na Igreja romana para o uso da sua cúria. Embora se tendesse à forma romana clássica, o resultado continuou permeado de legalismo, de alegorismo e de pietismo".[1]

Na liturgia romana clássica, como já vimos, para cada ator da celebração havia um livro. Uma praxe que expressava bem o caráter comunitário da celebração litúrgica naquela época. Com o tempo, porém, a participação ativa diminui de tal maneira que tudo acaba sendo confiado ao sacerdote. Este monopoliza todas as ações. Acaba sendo o único ator, enquanto os fiéis assistem passivamente. Com isso, para tornar mais prática a celebração, evitando o incômodo de vários livros litúrgicos ao mesmo tempo (Sacramentário, Lecionário, Antifonário etc.), resolvem juntar todos estes num só livro, chamando-o de "Missal Pleno". Nasce assim o livro que depois chamarão simplesmente de "Missal", próprio para ser usado pelos padres quando rezam a missa sozinhos, isto é, sem a presença de pessoas. Um livro, portanto, que não supõe nem prevê a presença de uma assembléia litúrgica. E é esse o livro que vai-se impondo como modelo obrigatório para todas as igrejas. O mais importante é o chamado *"Missal segundo o costume da cúria"*, composto para ser usado na cúria do papa Inocêncio III. Esse missal foi amplamente difundido pela Europa afora pelos pregadores itinerantes da recém-fundada Ordem dos Frades Menores.

O mesmo aconteceu com o livro da oração eclesial. "Por motivo de comodidade e para a oração privada, inclui-se num único livro, geralmente de formato reduzido, tudo o que é necessário para o ofício divino, chamado mais tarde de 'Breviário'. O mais conhecido é o *Breviarium segundum consuetudinem romanae curiae* (*Breviário segundo o costume da cúria romana*), difundido por obra dos Frades Menores, que o adotaram oficialmente em 1223."[2]

1.4. A liturgia romana da Idade Média: algumas características

Não obstante as reformas de Gregório VII e Inocêncio III, a liturgia continua se impondo como um fato clerical, distante do povo. A dimensão comunitária da celebração continua sendo realidade de um passado já distante.

Conseqüentemente, continua se impondo a ausência de participação ativa do povo na liturgia. Sua "participação" agora é outra: enquanto o

---

[1] CHUPUNGCO, A. Adaptação. In: *DILI.* p. 6.
[2] AUGÉ, M. *Liturgia: história, celebração, teologia, espiritualidade.* São Paulo, Ave-Maria, 1996. p. 47.

padre, isolado, "reza" a missa lá no altar distante, o povo (do "lado de cá") se entretém com suas devoções particulares. Nem da comunhão o povo participa mais. Esta é substituída pela adoração da hóstia. Ver a hóstia, de longe, adorando-a, tornou-se uma forma de "comungar". Por isso que, então, os padres adotaram o costume de levantar bem alto a hóstia (e, mais tarde, o cálice), na hora da consagração. Para o povo ver e prestar adoração ao Senhor terrível que "desceu sobre o altar", na hóstia consagrada e no cálice de vinho. O momento da elevação tornou-se como que o ponto alto, o momento mais importante da missa. E o desejo de ver a hóstia tornou-se uma verdadeira febre para os fiéis. Introduziram até o costume de tocar campainhas na hora da elevação, exatamente para chamar a atenção e enfatizar o momento. Bastava ver a hóstia e o povo já se dava por muito satisfeito. Tudo isso virou costume...

> O que antes era assembléia, caridade, sacrifício e comunhão, se reduz em adoração das espécies eucarísticas. De modo semelhante, Corpus Christi se converte na festa mais importante do ano litúrgico, solenemente superior até mesmo à Páscoa, e se começa a desenvolver a "piedade eucarística" num sentido muito distante do primitivo.[3]

Continua se impondo o costume "devocional" das missas privadas pelos defuntos, em honra dos santos e por diferentes intenções particulares, que se multiplicam a olhos vistos. Conseqüentemente, multiplicam-se também os padres "altaristas" (padres ordenados só para rezar missa). Sem falar dos abusos em relação aos estipêndios recebidos pelas missas. Multiplicam-se ainda mais as apologias na missa. A dramatização de gestos e ações litúrgicas do padre na missa (muitos sinais-da-cruz, movimentos de um lado para outro do altar, genuflexões etc.) aproximam a liturgia do teatro religioso medieval.

> Não faltaram reações e resistências em relação ao predomínio das missas privadas. Destaco a exortação feita por Francisco de Assis aos seus frades: "Advirto os meus irmãos e exorto-os no Senhor que, nos lugares onde moram, seja celebrada uma só missa por dia, segundo a forma da Santa Igreja. E se houver vários sacerdotes no lugar, contente-se um sacerdote, por amor à caridade, com ouvir a missa do outro" (Carta a toda a Ordem, 30-31).

Quanto ao batismo, desaparece o catecumenato e tudo fica reduzido ao momento do batismo de crianças. A confirmação, agora um sacramento independente do batismo, é celebrada com maior destaque sobre a unção do que sobre a imposição das mãos. A penitência privada se consolida, recebendo o nome de "confissão". Os ritos de ordenação, por influência da mentalidade galicana, se dramatizam e se complicam: insiste-se mais nos ornamentos, nas unções e na entrega dos instrumentos próprios de cada ministério. O matrimônio passa a ser celebrado na porta da Igreja, com

---

[3] LLOPIS, J. La liturgia a través de los siglos, Emaús 6, Barcelona, CPL. p. 40

uma investigação prévia e pedido expresso do consentimento. A prática da unção dos enfermos, por acabar ficando muito ligada à "confissão", torna-se exclusiva dos sacerdotes.

Os sacramentos não são vistos mais tanto como celebração do mistério pascal em diferentes situações da vida humana, mas antes como "remédio" que purifica, cura, previne e fortalece. Uma espécie de "vacina" espiritual, especialmente eficaz, "administrada" aos fiéis!

A própria teologia, que primitivamente se elaborava a partir da experiência do mistério de Deus celebrado na liturgia (Palavra proclamada e Sacramento), agora (com a escolástica) se transforma em especulação racional sobre Deus e seus mistérios em categorias aristotélicas.

> Com tudo isso, a vida espiritual do povo cristão caminha à margem e fora do âmbito litúrgico. Há um notável aumento de devoções privadas, das quais algumas se popularizam — por exemplo o rosário e a via-sacra — e servem para alimentar e manter a piedade dos cristãos. De certo modo, inclusive a própria liturgia se converte numa devoção, como podemos concluir da afeição pelas missas votivas, pelas missas em honra de determinados santos, pelas séries de missas aplicadas por intenções particulares. Na época medieval, há um exuberante florescimento da mística, mas reduzida a minorias muito pequenas e, em geral, distantes das formas litúrgicas da oração.[4]

1.5. A liturgia no "outono da Idade Média"

O crescente individualismo religioso atinge o seu auge no chamado "outono da Idade Média" (séculos XIV e XV). Trata-se de um período em que a vida e a espiritualidade litúrgicas decaem de forma acentuadamente progressiva.

Preocupante era a mentalidade que se difundia acerca dos "frutos da missa". A Santa Missa como benefício pelos vivos e pelos mortos torna-se o tema fundamental das pregações sobre a missa, enumerando-se os frutos que dela se obtém, mesmo com a mera assistência. A religião vira um grande jogo de negociata com Deus. Acredita-se que, com a multiplicação de missas votivas e com determinadas séries de missas, consegue-se de modo infalível o "fruto" da missa, a salvação da alma.

> Com esses recursos nas mãos do clero, o povo é estimulado a freqüentar e a encomendar missas votivas, multiplicando as missas de modo anormal e aumentando desmesuradamente o número de "altaristas", um proletariado clerical que vive praticamente de salários...[5]

Neste período floresce também o drama no âmbito litúrgico. Já o havia no século XII. Mas agora, nesse período caracterizado por total ignorância

---

[4] LLOPIS, J. *La liturgia a través de los siglos*, cit., p. 42.
[5] BASURKO, X. A liturgia no "outono da Idade Média". In: Borobio (org.). *A celebração na Igreja I*, cit., p. 107.

litúrgica, as representações dramáticas aparecem como um elemento sumamente importante do culto público. Nesse tempo em que a liturgia nada mais dizia às pessoas, os pastores adotam as representações sacras (teatro sacro) como forma de instrução catequética.

É também o período em que surge um intenso movimento espiritual chamado "devotio moderna". "Caracterizado pelo realismo psicológico, pela desconfiança com relação aos gestos brilhantes e heróicos, pelo amor à seriedade, à solidez e moderação prudente, esse movimento enfatiza mais a oração interior do coração do que a oração vocal e a ação litúrgica."[6] Dentre os mestres deste tipo de espiritualidade intimista, destaca-se Tomás de Kempis (1379-1471), com seu livro *Imitação de Cristo*.

> *Sobre a "devotio moderna" assim se expressa S. Marsili: A vida espiritual não encontra alimento nem na Liturgia nem nas devoções, porque são ambas igualmente atingidas pelo materialismo cultual; nem tira proveito maior a teologia que se entrincheirou no intelectualismo. Para que se produza uma vida espiritual "nova", é preciso voltar-se para uma profunda vida interior, orientada para a imitação de Cristo, e que se deve alcançar através da meditação e da oração pessoal. É o verdadeiro nascimento do individualismo religioso: a salvação não é tanto obra alcançada através dos mistérios de Cristo (Sacramentos)..., mas é o resultado de um esforço psicológico.*[7]

Estamos, pois, num período em que a piedade em geral é caracterizada por um individualismo religioso carregado de sentimentos intensos, de intimismo, de máximo *pathos* (paixão/sentimento). A piedade em relação ao Cristo Senhor é cada vez mais realística, mais humana, de tom intimista. O mesmo se diga em relação à piedade mariana e ao culto dos santos. A piedade popular atinge o auge de autonomia em relação à piedade propriamente litúrgica.

2. REFORMA LITÚRGICA DO CONCÍLIO DE TRENTO E CONSEQÜÊNCIAS

Nos anos 1545-1563 celebrou-se o famoso Concílio de Trento, como reação ao levante protestante contra uma série de abusos existentes dentro da Igreja, também no que diz respeito à liturgia. Trento tomou pé da situação e promoveu algumas reformas litúrgicas importantes.

> *No século XVI a situação da liturgia no Ocidente é lamentável. Pode comparar-se a um cadáver ricamente adornado, mas sem vida e com sintomas de decomposição. Os ritos e as cerimônias são executadas sem sentido pastoral e acompanhadas de uma série de abusos e superstições".*[8]

---

[6] BASURKO, X. *A liturgia no "outono da Idade Média"*. In: BOROBIO (org.), *A celebração na Igreja 1: Liturgia e sacramentologia fundamental*, cit., p. 108.

[7] NEUNHEUSER et alii. Liturgia: momento histórico da salvação, *Anámnesis 1*, cit., p. 80.

[8] LLOPIS, J. *La liturgia a través de los siglos*, cit., p. 43.

2.1. Proposta de reforma litúrgica protestante

A anarquia é muito grande e o povo permanece alienado da liturgia, cumprindo apenas o mínimo do que a Igreja prescreve como obrigação de assistência aos atos de culto. Nesse contexto, é natural que venham à tona vozes de protesto, dentre as quais se destaca a de Lutero e seus seguidores, que exigem reforma.

> Os reformadores acusam com muita razão a decadência da liturgia, sua falta de espírito evangélico. Exigem o uso da língua do povo, a participação efetiva da assembléia, a recitação da oração eucarística em voz alta (recitação que, há séculos, por causas não suficientemente explicadas, se fazia em voz baixa), a simplificação de muitos ritos, isto é, uma série de coisas que a Igreja católica acabará concedendo, mas com quatro séculos de atraso, na reforma litúrgica do Concílio Vaticano II.[9]
>
> As reformas litúrgicas de Martinho Lutero e dos seus contemporâneos continham indubitavelmente importantes pontos positivos: culto em língua vernácula, comunhão sob duas espécies, superação do excessivo cunho privado existente na celebração da missa, insistência na recepção da comunhão durante a missa, sobretudo eliminação de abusos. Mas, apesar de uma vontade muitas vezes reta e sincera, o objetivo não foi atingido. Os reformadores aboliram em demasia elementos do patrimônio autêntico da tradição e, juntamente com o contato com a grande igreja, perderam também o caminho de acesso ao tesouro hereditário das origens apostólicas (cf. o julgamento de historiadores protestantes equilibrados a propósito da liturgia).[10]

2.2. A obra litúrgica do Concílio de Trento

Ao tratar da liturgia, uma das coisas que o Concílio procurou fazer foi estudar a situação das celebrações, especialmente da missa. Como resultado, foi elaborada uma lista dos principais abusos que até então haviam sido introduzidos na maneira de celebrar a liturgia. A situação era deveras lamentável.

No dia 17 de setembro de 1562 foi aprovado um decreto sobre o que devia ser observado e evitado na celebração da missa.

O Concílio cortou muitos abusos. No entanto, não cedeu a várias reivindicações justas dos reformadores protestantes. Por exemplo, manteve a obrigatoriedade tanto da liturgia em latim como da recitação da oração eucarística em segredo. Resultado: não favoreceu a participação direta do povo na celebração litúrgica.

Na verdade, no âmbito da liturgia, a maior atenção do Concílio centrou-se em assuntos de tipo dogmático em torno dos sacramentos. Por exemplo, diante da negativa protestante a respeito da missa como sacrifício e da presença real, o Concílio estudou a questão e esclareceu-a teologicamente,

---

[9] Idem, ibidem, p. 43.

[10] NEUNHEUSER, B. História da Liturgia, cit., p. 537.

afirmando o caráter sacrifical da missa e a presença real de Cristo na eucaristia.

Infelizmente, quando Trento aborda teologicamente a eucaristia, a doutrina é apresentada em três sessões (capítulos) diferentes: a presença real (sessão XIII), a comunhão (sessão XXI) e o sacrifício (sessão XXII). Isso pedagogicamente não foi nada bom. Dificultou, posteriormente, a busca de uma síntese integrada e harmônica da doutrina eucarística, o que também na prática levou os católicos a ver o "altar", a "mesa da comunhão" e o "sacrário" como realidades totalmente separadas. A teologia sacramental sobre a eucaristia acabou ficando distorcida.

Em suma, como aspecto positivo da obra litúrgica de Trento podemos ressaltar a busca de correção de muitos abusos, bem como os esclarecimentos teológicos sobre os sacramentos em geral e a eucaristia de modo especial. Como dado negativo podemos ressaltar a não-aceitação de muitas das reivindicações pastorais dos reformadores. E temos também um aspecto ambivalente: dada a falta de tempo, o Concílio entregou nas mãos do papa toda decisão posterior em matéria litúrgica: *Isso constituía uma solução de emergência diante da anarquia reinante, mas manteria a liturgia romana completamente petrificada durante quatro séculos.*[11]

Nas mãos do papa ficou a tarefa de publicar os livros litúrgicos. Pio V publicou o *Breviário romano* (1568) e o *Missal romano* (1570). Clemente VIII publicou o *Pontifical romano* (1596) e o *Cerimonial dos bispos* (1600). Paulo V publicou o *Ritual romano* (1614; não-obrigatório).

Em todos esses livros transparece a intenção de voltar às fontes antigas e genuínas da liturgia, mas, por falta de conhecimento das fontes, o que se fez foi uma purificação e restauração do rito romano com base nas formas herdadas dos tempos de Gregório VII a Inocêncio III. Portanto, basicamente continuamos com a estrutura romano-franco-germânica...

2.3. Era das rubricas e influência barroca

As fórmulas e os ritos codificados nos livros litúrgicos agora são obrigatórios para toda a Igreja latina (menos para as dioceses e ordens religiosas com tradição própria de mais de dois séculos). E fica expressamente proibida a introdução de qualquer modificação. Para controlar esta liturgia uniforme, fixa e inalterável, o papa Sisto V cria em 1588 a Sagrada Congregação dos Ritos. Esta tem como missão não tanto dar continuidade à reforma, mas velar pelo exato cumprimento de todas as normas estabelecidas. Com isso, de agora em diante, a preocupação do clero se centrará mais no cumprimento rigoroso das normas litúrgicas do que na celebração do mistério pascal. Entramos na era das rubricas, no tempo do rubricismo

---

[11] LLOPIS, J. *La liturgia a través de los siglos*, cit., p. 47.

e do legalismo litúrgico. Estudar liturgia significava então assimilar as leis que regem o culto. Tudo sob a exuberante roupagem do barroco.

O barroco é um movimento cultural que expressa bem o espírito da Contra-Reforma. Depois da crise provocada pela Reforma protestante, a Igreja Católica sente-se segura, forte, vitoriosa. Respira um ar triunfalista, o que se reflete sobretudo na liturgia. Numa atitude radicalmente antiprotestante, acentua-se cada vez mais a presença real de Cristo na eucaristia, omitindo os demais aspectos do sacramento. Insiste-se cada vez mais na dignidade do sacerdócio dos ministros ordenados, resultando daí a separação sempre mais profunda entre o que o padre diz e faz no altar e o que o povo pratica durante a celebração. Missa na língua do povo, nem pensar! Qualquer tradução, impressão e posse do missal traduzido será sujeita a severa condenação (até mesmo com excomunhão!), como ameaçou o papa Alexandre VII em 1662. As celebrações litúrgicas barrocas são brilhantes e espetaculares, mas cada vez mais distantes do verdadeiro espírito da liturgia.

> Uma característica do barroco é a tendência a acentuar os aspectos periféricos da liturgia. Os altares laterais se multiplicam, como também as imagens dos santos e de Maria; a comunhão se separa do contexto da missa e se converte numa devoção privada; a homilia vira "sermão", sai da celebração eucarística e de seus textos, e se desenvolve no "púlpito", transformado em cátedra de oratória sacra; a reserva eucarística se guarda, não na sacristia ou na parede, mas em sacrários sobre o próprio altar...; os sacrários são cada vez mais monumentais e luxuosos, com "templinhos", baldaquinos, degraus etc.; também se desenvolve a música sacra: é a época do auge da polifonia, porém não orientada à finalidade de serviço ao culto, mas como um concerto que tem valor em si mesmo, de modo que a igreja se transforma num salão, com palcos e galerias, coro alto etc., no qual a missa é "ouvida"; há uma grande riqueza e luxo nos elementos artísticos, sobretudo nos imponentes retábulos barrocos, em relação aos quais o altar-mor fica reduzido à categoria de um simples suporte ou peanha; as múltiplas devoções eucarísticas (quarenta horas, procissões, exposições do Santíssimo) superam em esplendor e solenidade a própria missa, que é, segundo o catecismo de Kettler, de 1734, "uma das cinco maneiras de adorar a Cristo na eucaristia"; neste culto eucarístico se introduz o cerimonial do tipo cortesão, semelhante ao que na época constantiniana foi-se infiltrando nas cerimônias cristãs, mas tendo naquela ocasião como destinatários os bispos e sacerdotes; agora, é a Divina Majestade de Cristo presente na eucaristia que recebe as honras que as cortes mundanas tributam a seus príncipes.[12]

Como se vê, a liturgia reformada por Trento e praticada de modo uniforme por todos não foi capaz de resistir às pressões da cultura religiosa do tempo, ao gosto pela festividade e pelas grandiosas manifestações exteriores; ao triunfalismo, especialmente nas peregrinações e nas procissões com os estandartes; à sensualidade na expressão artística e às devoções de piedade. Assim fica perfeitamente compreensível que a festa por excelência do barroco tivesse que ser a de *Corpus Domini* com a sua solene procissão completa de estandartes, roupas próprias e guardas-de-honra. Até

---

[12] LLOPIS, J. *La liturgia a través de los siglos*, cit., p. 51.

o edifício da igreja foi transformado em palácio ornado para festa, destinado a receber o rei eucarístico, em salão cuidadosamente decorado e dominado por tabernáculo imponente, como se fosse trono apoiado sobre o altar.

A missa, por conseguinte, passou a ser uma celebração cujo cunho festivo era exaltado pela orquestra e pela música polifônica, enquanto a consagração era saudada por uma banda de música e pelo som jubilante de sinos. No entanto, a participação ativa na liturgia em si era quase zero; os elementos exteriores foram enaltecidos de modo exagerado, ao passo que o essencial ficou minimizado e relegado à periferia. Para muitos a missa constituía excelente ocasião para a recitação do rosário ou do terço e para cada um se entregar às suas devoções particulares e aos santos padroeiros. Mas, apesar de tal regresso, devemos admitir que o modo barroco de celebrar a liturgia correspondia estritamente, pelo menos na sua situação histórica particular, ao temperamento das pessoas.[13]

3. A LITURGIA QUE O BRASIL E A AMÉRICA LATINA HERDARAM

Já falamos (amplamente, de propósito) sobre a liturgia na Idade Média e no período tridentino e pós-tridentino, ressaltando suas principais características. O conhecimento dessa liturgia, como havíamos alertado, é decisivo para entendermos as raízes históricas de nossa própria cultura religiosa brasileira e latino-americana, isso com vista ao avanço do processo de inculturação litúrgica daqui para frente, segundo o espírito do Concílio Vaticano II.

Não se trata aqui de levantar todos os pormenores da liturgia na história do continente latino-americano. Apresentamos, a título ilustrativo, apenas alguns "resultados litúrgicos" da evangelização neste continente, focalizando mais o Brasil. Queremos chamar a atenção para a liturgia que herdamos sobretudo no período colonial, e para algumas adaptações desta liturgia no nosso contexto social e religioso.

3.1. A liturgia que herdamos

A liturgia que herdamos foi a liturgia nos moldes medievais e pós-tridentinos, que os colonizadores e os missionários portugueses e espanhóis transpuseram para o continente latino-americano a partir de 1492. Uma liturgia híbrida (de estrutura e índole romano-franco-germânicas) e de língua única e obrigatória (o latim) para todos os povos do Ocidente. Uma liturgia monolítica, obrigatoriamente igual para todos, sem levar em conta as culturas que estavam sendo evangelizadas. Se bem que alguma adaptação se tentou fazer, como veremos.

---

[13] CHUPUNGCO, A. Adaptação. In: *DILI*. p. 7.

Foi uma liturgia em que não era tanto o mistério de Deus que era comunitariamente celebrado, mas um ritual meio mágico feito pelo clero. Tanto que, ainda hoje, quando entre nós se fala em liturgia, pensa-se logo em aparato cerimonial e clerical, e não em primeiro lugar no mistério pascal que a comunidade celebra sob a presidência de seus pastores.

Foi uma liturgia distante, incompreensível, sem envolvimento direto do povo na ação celebrativa. A liturgia que herdamos foi uma liturgia não mais popular, mas clerical, isto é, feita apenas pelo clero. O povo apenas assistia, não se sentia ator da celebração. Assistia à distância, passivamente, às cerimônias feitas pelos padres lá no altar. De fato, eram os padres os atores da celebração, e sem serem entendidos pelo povo!

Foi uma liturgia em que o povo, não se sentindo mais protagonista da ação litúrgica, naturalmente soube preencher este vácuo dedicando-se às devoções aos santos, ao Santíssimo Sacramento, às procissões, novenas, etc. Vive-se num deslocamento de eixo, da centralidade da liturgia como celebração do mistério de Cristo para as devoções, enaltecendo sobretudo a "presença real" e os santos.

Foi uma liturgia em que os sacramentos eram vistos, não como celebração (atualização) do mistério pascal em nossa vida, mas preferencialmente como "remédio" para curar os males (ou preveni-los) e manter uma boa relação de amizade com Deus (para escapar dos castigos e do perigo do inferno). Conseqüência: a Igreja, em vez de ser um espaço comunitário de vivência do mistério pascal tornado presente pela liturgia, é vista antes como uma espécie de grande supermercado religioso, uma enorme farmácia espiritual, com seus "agentes de saúde" credenciados na qualidade dos ministros ordenados, para onde o povo acorre em suas necessidades individuais.

Foi uma liturgia em que não se contemplava o eclesial, o comunitário, o valor da assembléia litúrgica. Uma liturgia, portanto, em que predomina o individualismo religioso. Cada pessoa, individualmente, cuida da "sua" vida espiritual, sem muito compromisso de participação eclesial e de transformação social, sem sentir-se irmão com os irmãos, membro do povo de Deus, do corpo místico de Cristo.

Esta foi a liturgia, em moldes medievais e pós-tridentinos, que os missionários implantaram (muitas vezes sob pressão aos índios e negros) no continente latino-americano: uma liturgia híbrida, monolítica, ritualista, distante, clerical, mágica, devocional (isto é, sem referência explícita ao mistério pascal), "farmacêutica". Pouco mistérica e eclesial, muito utilitarista e individualista.[14] Uma liturgia em que os elementos exteriores eram

---

[14] Cf. SILVA, J. A. da. A liturgia que nossos índios e negros tiveram de "engolir". *Revista de Liturgia* 159 (2000) 4-6.

exageradamente enaltecidos, ao passo que o essencial dela ficou minimizado e relegado à periferia.

Com essa liturgia "católica" é que fomos evangelizados durante cinco séculos, o que formou neste continente uma típica cultura religiosa. Como concluíram mais tarde os bispos latino-americanos, em 1979: *A religião do povo latino-americano, em sua forma cultural mais característica, é expressão da fé católica. É um catolicismo popular* que, por um lado, comporta inegáveis elementos positivos (solidariedade, hospitalidade, piedade, capacidade de resistência aos contratempos da vida, gosto pela festa, espírito orante, jovial, alegre etc.), por outro, comporta preocupantes aspectos "negativos" (superstição, magia, fatalismo, idolatria do poder, fetichismo, ritualismo, falta e formação, sincretismo, redução da fé a um mero contrato com Deus, individualismo religioso etc).[15]

3.2. Adaptações feitas...

A liturgia que herdamos, na sua rigidez que lhe é típica, entrando em contato com os povos destas terras (indígenas, negros, colonizadores e mestiços) e com a estrutura de sociedade aqui formada, teve de sofrer algum tipo de adaptação à nova situação social. Damos apenas alguns exemplos. Trata-se de um assunto que demanda ainda um amplo e aprofundado estudo.

Para começar, houve tentativas de adaptação da celebração do batismo entre os índios do Brasil, como nos atestam documentos do século XVII. Uma das adaptações é a tradução de textos que os missionários fizeram para a língua tupi.[16]

A maneira de apresentar a missa e os sacramentos também devia ser adaptada à linguagem e compreensão dos negros escravos, com a máxima simplificação possível.[17]

---

[15] Cf. CELAM. *A evangelização no presente e no futuro da América Latina. Puebla: Conclusões.* São Paulo, Loyola, 1982. nn. 444-356, pp. 184-197.

[16] Cf. *Catecismo da lingoa brasilica (...).* Em Lisboa, por Pedro Crasbeeck, ano 1618. A custo dos padres do Brasil. In: A. Araújo de, *Catecismo na língua brasileira.* Reprodução fac-similar da 1ª edição (1618), com apresentação do Pe. A. Lemos Barbosa, professor de língua tupi na Pontifícia Universidade Católica do Rio de Janeiro (Rio de Janeiro, PUC, 1952); *Catecismo brasilico da doutrina christãa (...).* Lisboa, na officina de Miguel Deslandes, M.DC.LXXXVI [1686]. Com todas as licenças necessárias. In: *Catecismo brasilico da doutrina christãa,* publicado por Julio Platzmann; edição fac-similar (Leipzig, B. G. Teubner, 1898). Sobre estas fontes, cf. ORMONDE FILHO, Domingos. *Entre a conversão do índio e a "conversão" do rito.* Elementos para a identificação formal de ritos para o batismo de índios no século 17. Dissertação de mestrado apresentada na Pontifícia Faculdade de Teologia N. S. da Assunção. São Paulo, 2003.

[17] Cf. *Constituições Primeiras do Arcebispado da Bahia* (promulgadas no dia 21 de julho de 1707), primeiro "livro"; HOORNAERT, E. et alii. *História da Igreja no Brasil. Ensaio de interpretação a partir do povo. Primeira Época.* 4. ed. São Paulo/Petrópolis, Paulinas/ Vozes, 1992. pp. 301ss.

Talvez uma das adaptações mais interessantes é a que aparece na organização do espaço das celebrações (as igrejas) no Brasil. O espaço chegou a aparecer dividido, em alguns lugares, em até seis recintos:

— O recinto clerical (1), separado dos outros recintos, simboliza o lugar dos organizadores do culto.[18]

— O recinto central (2) é reservado às mulheres, que ficam "agachadas ou ajoelhadas" num plano mais baixo do que o dos recintos laterais...

— Os recintos laterais (3), num plano mais elevado, são reservados aos "homens bons" ou homens livres, que ficam em pé, simbolizando assim sua posição característica (superior), tanto diante do clero como diante das mulheres e dos escravos.

— O espaço em torno da porta (4) é reservado aos negros e escravos em geral, que ficam também em pé, "espiando os santos", como o povo diz até hoje.[19]

— Um lugar de destaque (com cadeiras) (5), entre o presbitério e a nave, é dado às pessoas importantes.

— O coro (6), sobre a porta da igreja, é reservado aos cantores e à orquestra, mas que era ocupado também por pessoas mais afoitas.[20]

Além do mais, existiam igrejas próprias para os escravos negros e igrejas de uso exclusivo dos brancos, como é visível nas antigas cidades mineiras do Brasil-colônia (Ouro Preto, Mariana, Tiradentes etc.). E as casas, cada qual tinha normalmente o seu oratório para a liturgia familiar.

> Muito importante a liturgia familiar; as casas tinham oratório diante do qual a família se reunia para a reza do terço e da oração da noite. Em tal celebração destacava-se o papel do rezador, muitas vezes pessoa simples; ainda que houvesse um padre presente na reza, o rezador, o puxador de orações, continuava sendo ele, mesmo se fosse um preto velho; às refeições não se dispensava a oração ritual.[21]

A missa, sobretudo nas festas de padroeiro, era celebrada com grande pompa barroca adaptada ao ambiente social próprio do Brasil colonial.

> No século XVI..., a missa se celebrava num contexto de alegria, de festa, de animação. Os jesuítas permitiam o uso de instrumentos musicais indígenas como maracá, taquara, berimbau, faziam amplo uso dos impressionantes recursos que a liturgia barroca fornecia, no sentido de atrair os indígenas: músicas, procissões, cruz alçada, paramentos multicores, as mais variadas bandeiras, batinas, barretes, cânticos de aclamação, folhas

---

[18] Destaca-se aí o altar-mor, barroco, ricamente adornado, com uma espécie de escadaria em formato semipiramidal que se eleva até a imagem do(a) santo(a) padroeiro(a) lá em cima, criando um misterioso clima de distância (para olhar/contemplar) e de proximidade aconchegante ao mesmo tempo.

[19] HOORNAERT et alii, cit., p. 294.

[20] HAUCK, J. F. et alii. *História da Igreja no Brasil. Ensaio de interpretação a partir do povo. Segunda Época. A Igreja no Brasil no século XIX*. 3. ed. Petrópolis, Vozes, 1992. p. 100.

[21] HAUCK et alii, *História da Igreja no Brasil*, cit., p. 101.

de palmeira para serem agitadas na hora da procissão, sermões grandiloqüentes, gestos largos e imponentes, imagens, teatros e dramatizações, fitas, as mais variadas decorações. Os missionários, ao celebrarem a missa, traziam sempre meninos consigo, índios e mesmo às vezes portugueses, os famosos "meninos de Jesus"..., que cantavam e dançavam em ritmos indígenas e entusiasmavam toda a assistência.[22]

São alguns exemplos de adaptação da liturgia medieval e pós-tridentina no contexto do Brasil-colônia. Contudo, no seu espírito ela permanece a mesma: uma liturgia em que os elementos exteriores eram exageradamente enaltecidos, ao passo que o essencial dela (o mistério pascal) continuava minimizado e relegado a segundo plano.

4. UMA LONGA CAMPANHA DE RENOVAÇÃO E REFORMA DA LITURGIA: O MOVIMENTO LITÚRGICO

No início do século XX inicia-se um grande movimento de reforma e renovação litúrgicas na Igreja do Ocidente. Trata-se do assim chamado "movimento litúrgico", que teve sua pré-história no período do Iluminismo (século XVIII) e da restauração católica (século XIX).

4.1. Pré-história do movimento litúrgico

No século XVIII aparece na Europa um novo fenômeno cultural como reação ao barroco: o Iluminismo. Teve grande influência também no campo da liturgia. Desencadeou todo um movimento de protesto contra a centralização tridentina e contra a exagerada exteriorização barroca.

Impregnados das idéias iluministas, muitos católicos exigem uma liturgia mais simples, despojada de inúmeros elementos supérfluos herdados do passado. Exigem uma liturgia mais fácil de ser compreendida pelo povo. Exigem participação mais intensa do povo nas celebrações. Um exemplo clássico de como o Iluminismo suscitava exigências de reforma litúrgica na Igreja temos no sínodo diocesano de Pistóia (Itália) em 1786.

O problema é que os católicos iluministas viam a liturgia mais como função educadora do povo do que como celebração do mistério de Cristo participada pelo povo. Essa limitação comprometeu o trabalho de reforma.

Em todo caso, eles eram movidos por um princípio que posteriormente vai orientar todo o movimento litúrgico do século XX, que culmina na reforma litúrgica do Vaticano II: o princípio da "pastoral litúrgica", isto é, que "a liturgia é a fonte primordial da vida cristã".[23]

---

[22] HOORNAERT et alii. *História da Igreja no Brasil. Ensaio de interpretação a partir do povo. Primeira Época,* cit., p. 297. Cf. também HAUCK et alii, *História da Igreja no Brasil*, cit., p. 99; LUGON, C. *A república "comunista" cristã dos guaranis: 1610-1768.* Rio de Janeiro, Paz e Terra, 1977.

[23] LLOPIS, J. *La liturgia a través de los siglos*, cit., p. 52.

No século XIX, por influência do Romantismo, como num movimento pendular, entramos no chamado "período da restauração católica", contra os exageros do racionalismo iluminista. Só que essa "restauração", em termos litúrgicos, limitou-se apenas em garantir a "tradição romana" compreendida em modelos estruturais do catolicismo medieval e pós-tridentino. Como resume A. Chupungco, "o período da restauração caracteriza-se por uma reação contra os excessos do Iluminismo, chegando à triste conseqüência de uma volta... ao romantismo, ao barroco, quando não até a formas medievais".[24]

Como exemplo brilhante da reação romântica e restauracionista, destaca-se a figura do abade beneditino Prosper Guéranger (1805-1875), que defendia um retorno à pura tradição romana, tanto no que se refere aos textos, cerimônias e rubricas, como, especialmente, à música sacra. A restauração do canto gregoriano, considerado como o máximo expoente musical da autêntica tradição romana e o modelo mais perfeito da música sacra, é uma das tarefas principais a que se dedicam os monges da abadia francesa de Solesmes, sob a direção de Guéranger.[25]

O movimento restauracionista, por mais meritório que seja, "não patrocina ainda com suficiente convicção a participação do povo na celebração litúrgica. O culto cristão é considerado uma realidade intocável e misteriosa, obra perfeitíssima inspirada diretamente pelo Espírito Santo, que deve permanecer inalterável, à margem de toda evolução histórica".[26]

O grande mérito do movimento está em ter deslanchado o interesse pela pesquisa histórica e teológica das fontes litúrgicas, o que contribuirá imensamente para o nascimento e desenvolvimento vigoroso do movimento litúrgico.

Outro detalhe importante: o papa Pio X, entusiasmado com a restauração do canto gregoriano, publica em 1903 um *Motu proprio* intitulado "Tra le sollecitudini", estabelecendo normas sobre o uso do canto na liturgia. Surpreendentemente, a certa altura do documento ele faz uma afirmação revolucionária e de grande repercussão posterior: "o verdadeiro espírito cristão consiste na participação ativa dos fiéis nos sagrados mistérios". Em outras palavras, segundo o papa, quem não participa ativamente da liturgia não tem verdadeiro espírito cristão! Além do mais, contrariando um costume que se arrastava desde a Idade Média, Pio X recomenda a comunhão freqüente e a comunhão das crianças.[27]

---

[24] CHUPUNGCO, A. Adaptação. In: *DILI.* p. 7.
[25] LLOPIS, J. *La liturgia a través de los siglos*, cit., p. 53.
[26] Ibid., p. 54.
[27] URDEIX, J. (org.). *Pio X y la reforma de la liturgia* (CPh 112). Barcelona, CPL, 2001.

4.2. O movimento litúrgico

As disposições de Pio X encontram acolhida entusiasta em muitos pastores já preocupados pelo fomento da vida litúrgica. Desencadeia-se daí o chamado "movimento litúrgico clássico do século XX".

Seu início é marcado por uma famosa conferência que o abade beneditino Lambert Beauduin, de Mont-César (Bélgica), pronunciou em 1909, num congresso católico de Malines (Bélgica), defendendo a renovação da vida litúrgica da Igreja. A partir de então, este monge beneditino lança um verdadeiro movimento em favor da participação dos cristãos nas celebrações. Para conseguir esta participação, ele publica um Missal Popular e organiza cursos e conferências para sacerdotes.

A causa do movimento motivado pelo zelo pastoral é a volta à forma clássica da liturgia romana por meio de pesquisa histórica e teológica sobre a tradição litúrgica. Como centros de pesquisa se destacam as abadias de Maria Laach (Alemanha: com vultos como Ildefons Herwegen, Odo Casel e Cunibert Mohlberg) e Mont-César (Bélgica: com Lambert Beauduin e Bernard Capelle).

As descobertas e os aprofundamentos nas pesquisas repercutem também na pastoral, isto é, oferecem fundamentos sólidos para promover a participação ativa do povo nas celebrações. Por exemplo, o beneditino Gaspar Lefebvre, da abadia de Santo André (Bruges: Bélgica), publica também um Missal para os fiéis, amplamente difundido e traduzido em várias línguas. Na França, o jesuíta Paul Doncour fomenta a "missa dialogada" com jovens. Romano Guardini (na Alemanha), mediante cursos, conferências e publicações, promove a formação litúrgica no meio estudantil e acadêmico. Pius Parsch (na Áustria) dedicou-se à grande massa do povo cristão. E muitos outros...

O movimento "não ficou imune de oposições e suspeitas que causaram acaloradas discussões. Uma voz importante neste debate foi a de Pio XII, que publicou, em 1947, a Encíclica *Mediator Dei*, documento decisivo para a causa litúrgica, que especifica alguns conceitos e reconhece os esforços desenvolvidos pelo movimento litúrgico".[28] Um exemplo claro de que o papa realmente aderia ao movimento aparece logo depois, nos anos 1951-52, quando ele resgata a antiga Vigília Pascal (no sábado santo à noite), cuja liturgia vinha sendo há séculos celebrada absurdamente no sábado de manhã.

Sob o impulso da *Mediator Dei* foram fundados "Institutos Litúrgicos" em vários países. Promoveram-se numerosos congressos nacionais e encontros internacionais, dentre os quais se destaca o famoso Congresso Internacional de Liturgia Pastoral de Assis, em 1956.

---

[28] Augé, M. *Liturgia...*, cit., pp. 57-58.

O movimento litúrgico surge como um sinal das disposições providenciais de Deus para o tempo presente, como uma passagem do Espírito Santo em sua Igreja, para aproximar os homens dos mistérios da fé e das riquezas da graça, que decorrem da participação ativa dos fiéis na vida litúrgica (Pio XII, em 1956, no Congresso Internacional de Pastoral Litúrgica de Assis).

No Brasil, o movimento litúrgico, iniciado em 1933 pelo monge beneditino Martinho Michler (do Mosteiro de São Bento, no Rio de Janeiro), teve entusiasta aceitação sobretudo nos meios da Ação Católica e foi amplamente divulgado em quase todo o país. As propostas do movimento, às vezes porque colocadas de forma não totalmente feliz por seus divulgadores, produziram reações fortíssimas da parte de muitos católicos tradicionais brasileiros. Os reacionários atacaram com fúria os adeptos do movimento litúrgico, acusando-os de pretender acabar com as devoções (ao papa, à Virgem Maria, aos santos em geral, ao Santíssimo Sacramento) e, com isso, pôr em risco a "fé" da nação. No fundo, era uma centenária cultura religiosa brasileira, caracterizada pelo devocionalismo, que se via ameaçada pelo movimento litúrgico que pregava a volta às fontes. Dois blocos se formaram, polêmicos, antagônicos: de um lado os "liturgistas" e do outro os "devocionistas", atacando-se mutuamente, sem possibilidade de diálogo devido à mentalidade apologética da época em se tratando de fé católica.[29]

Enfim, graças ao longo e suado trabalho desenvolvido pelo movimento litúrgico, o Concílio Vaticano II pôde dispor de um amplo e fundado instrumental (histórico, teológico, pastoral e pessoal) preparado para orientar e deslanchar a sua reforma litúrgica.

Resumindo

No segundo milênio, com a força da reforma gregoriana e a codificação dos livros litúrgicos no tempo de Inocêncio III, implanta-se definitivamente na igreja romana o modelo de liturgia clerical, distante do povo, herdado sobretudo da fusão romano-franco-germânica do século VIII. O povo, não se sentindo mais ator da liturgia, preenche ainda mais este vácuo espiritual com as devoções aos santos e ao Santíssimo Sacramento. O individualismo religioso toma conta de todos, tanto do clero que faz da missa sua devoção particular, como do povo que faz das devoções particulares a grande fonte de vida espiritual.

Esta situação não foi superada nem mesmo com o Concílio de Trento. A era das rubricas e a influência barroca só fez acentuar ainda mais a distância abismal entre a liturgia do clero e o povo entretido com devoções. Só fez acentuar ainda mais o individualismo religioso.

---

[29] Cf. Silva, J. A. da. *O movimento litúrgico no Brasil. Estudo histórico.* Petrópolis, Vozes, 1983; Idem. Avanços e retrocessos do movimento litúrgico no Brasil. *Revista de Cultura Teológica* 31 (2000) 109-131.

Com este modelo de liturgia, em moldes medievais e pós-tridentinos, é que no Brasil e América Latina fomos evangelizados durante quatro séculos (ou até mais). Assim, podemos dizer que esta é a nossa cultura religiosa que, ao mesmo tempo, criou também na alma do nosso povo sentimentos nobres de solidariedade, hospitalidade, alegria, gosto pela festa etc.

Por isso, hoje, quando se insiste em evangelizar os povos com sua cultura, temos de levar em conta a cultura do nosso povo, que traz no seu subconsciente um modelo de liturgia herdado de um passado plurissecular, com desvalores e valores.

Para pensar, trocar idéias e experiências

1. O que aconteceu com a liturgia romana na Idade Média e quais as suas principais características neste período?

2. Que elementos interessantes você destacaria da reforma litúrgica do Concílio de Trento e quais as suas conseqüências?

3. Qual foi a liturgia que o Brasil e a América Latina herdaram? Tente descrever em poucas palavras.

4. Nas celebrações litúrgicas de sua comunidade, você percebe alguma coisa típica da liturgia medieval e pós-tridentina? O que você percebe?

5. Quais os elementos que mais lhe chamaram a atenção na história do movimento litúrgico?

Bibliografia complementar

a) Textos oficiais

CELAM. *A evangelização no presente e no futuro da América Latina. Conclusões: Puebla.* São Paulo, Loyola, 1982.

——. *A Igreja na atual transformação da América Latina à luz do Concílio. Conclusões de Medellín.* 8. ed. Petrópolis, Vozes, 1985.

——. *Liturgia para a América Latina. Documentos e estudos.* São Paulo, Paulinas, 1977.

——. *Santo Domingo: Nova Evangelização, Cultura Cristã e inculturação.* Petrópolis, Vozes, 1992.

b) Outros

Augé, M. *Liturgia: história, celebração, teologia, espiritualidade*. São Paulo, Ave Maria. pp. 43-70.

Basurko, X. & Goenaga, J. A. A vida litúrgico-sacramental da Igreja em sua evolução histórica. In: Borobio, D. (org.). *A celebração na Igreja 1: Liturgia e sacramentologia fundamental*. São Paulo, Loyola, 1990. pp. 88-160.

Jounel, P. Do Concílio de Trento ao Vaticano II. In: Martimort, A. G. (org.). *A Igreja em oração. Introdução à liturgia I*. Petrópolis, Vozes, 1988. pp. 75-90.

Klauser, Th., Breve historia de la liturgia occidental I: Desde la primitiva Iglesia hasta Gregorio VII. *Cuadernos Phase 103*; Desde Gregorio VII hasta el Concilio Vaticano II. *Cuadernos Phase 104*, Barcelona, CPL, 2000.

Neunheuser, B. O movimento litúrgico: panorama histórico e linhas teológicas. In: Neunheuser B. et alii. A liturgia, momento histórico da salvação. *Anámnesis 1*. São Paulo, Paulinas, 1987. pp. 9-36.

―――. As reformas da liturgia romana: história e características. In: Marsili, S. et alii. Panorama histórico da liturgia. *Anámnesis 2*. São Paulo, Paulinas, 1987. pp. 249-281

―――. História da Liturgia. In: *DILI*. pp. 522-544.

Silva, J. A. da, *O movimento litúrgico. Estudo histórico*. Petrópolis, Vozes, 1983.

c) Revistas

Catolicismo popular. *REB* 36 (1976), pp. 5-280.

Comblin, J., Situação histórica do catolicismo no Brasil. *REB* 26 (1966), 574-601.

Gibin, M. Ensaio de renovação litúrgica na América Latina. *Revista de Liturgia (A vida em Cristo e na Igreja)*, n. 62 (1984), pp. 19-24.

Isnard C. J. C. Reminiscências para servir a uma história da renovação litúrgica no Brasil. *Revista de Liturgia (A vida em Cristo e na Igreja)*, n. 61 (1984), pp. 5-11.

Llopis, J. *La liturgia a través de los siglos*. Emaús 6, Barcelona, CPL, 1993, pp. 37-68.

Capítulo quarto

A REFORMA LITÚRGICA DO CONCÍLIO VATICANO II

José Ariovaldo da Silva

Os tempos estavam maduros para uma reforma fundamental e geral da liturgia. E eis que, para surpresa de todos (ninguém esperava!), no dia 25 de janeiro de 1959, o saudoso papa João XXIII revelou sua disposição de realizar um concílio ecumênico. Tratava-se do Concílio Vaticano II (1962-1965), que reuniu os bispos do mundo inteiro (cerca de 2.150!) para estudar, resgatar e votar princípios fundamentais de renovação da Igreja no mundo atual.

1. A CONSTITUIÇÃO "SACROSANCTUM CONCILIUM" SOBRE A SAGRADA LITURGIA

Para alegria e júbilo de todos os que trabalharam no movimento litúrgico, o primeiro resultado do Concílio foi precisamente a Constituição *Sacrosanctum Concilium* sobre a Sagrada Liturgia (SC), votada no dia 4 de dezembro de 1963 (com 2.147 votos a favor e quatro votos contra!) e aprovada pelo papa Paulo VI. Foi o primeiro documento votado e aprovado, não só porque seu esquema era, de saída, o melhor elaborado (o mais amadurecido), mas também porque os Padres conciliares perceberam que a reforma da liturgia era de fato uma necessidade para que as finalidades essenciais do Concílio fossem cumpridas:

> O Sacrossanto Concílio propõe-se a fomentar sempre mais a vida cristã entre os fiéis; acomodar melhor às necessidades de nossa época as instituições que são suscetíveis de mudanças; favorecer tudo o que possa contribuir para a união dos que crêem em Cristo; e promover tudo o que conduz ao chamamento de todos ao seio da Igreja. Por isso julga seu dever cuidar de modo especial da reforma e do incremento da Liturgia (SC 1).

Trata-se de um documento que vem ao encontro da nova sensibilidade cultural amadurecida no século XX: protagonismo da comunidade, participação de todos, simplicidade e autenticidade. Neste sentido, ele próprio (o documento) já significa uma tentativa de adaptação da liturgia à cultura atual, deslanchando assim um novo processo de inculturação.

1.1. O documento

O documento todo se compõe de uma introdução, sete capítulos e um apêndice, totalizando 130 números ou artigos.

Na introdução, o Concílio declara a sua intenção de fomentar e reformar a liturgia, enfatizando, ao mesmo tempo, que esta reforma está vinculada aos demais aspectos da renovação da Igreja.

O primeiro capítulo é o mais extenso e importante. Fundamental! Intitula-se: *Os princípios gerais da reforma e do incremento da liturgia*. Divide-se em cinco partes. Na primeira parte deste capítulo (nn. 5-13), fala-se da natureza da sagrada liturgia e insiste-se na sua importância para a vida da Igreja. Numa linguagem eminentemente bíblica e patrística, o Concílio apresenta os fundamentos teológicos da liturgia. Situa a liturgia no contexto da revelação como *história da salvação*, cujo centro e fulcro é o mistério de Cristo. Com certeza, é o núcleo do documento. Na segunda parte (nn. 14-20) trata-se da necessidade de promover a educação litúrgica e a ativa participação. A terceira parte (nn. 21-40), sumamente importante, expõe os princípios que devem regular a reforma da liturgia, a saber: estabelecido o princípio fundamental de que os sinais utilizados na liturgia sejam transparentes (n. 21), são primeiro apresentadas as normas gerais (nn. 22-25), depois as normas tiradas da índole da liturgia como ação hierárquica e comunitária (nn. 26-32), as normas litúrgicas da índole didática e pastoral (nn. 33-36) e, enfim, as normas para conseguir a adaptação da liturgia à mentalidade e às tradições dos povos (nn. 37-40). Terminadas as considerações sobre a reforma litúrgica, nas duas últimas partes fala-se do incremento da vida litúrgica na diocese e na paróquia (nn. 41-42) e da promoção da pastoral litúrgica (nn. 43-46).

Os capítulos seguintes da Constituição abordam aspectos específicos da liturgia, apresentando a cada vez uma breve fundamentação teológica sobre os mesmos, bem como os princípios que devem ser observados no trabalho de reforma.

O capítulo segundo fala do sacrossanto mistério da eucaristia, qual núcleo de toda a liturgia, fogo que dá luz e calor às demais celebrações litúrgicas. Note-se que "o título não fala do 'sacramento' da eucaristia nem do 'sacrifício' da missa, mas, englobando suas diversas facetas numa só palavra carregada de ecos patrísticos, fala do 'mistério' da eucaristia!".[1]

O capítulo terceiro inclui os demais sacramentos e sacramentais. Após algumas considerações gerais (nn. 59-63), trata do batismo (nn. 64-70), da confirmação (n. 71), da penitência (n. 72), da unção dos enfermos (nn. 73-75), da ordem (n. 76) e do matrimônio (nn. 77-78). Enfim, são dadas normas para a revisão de alguns sacramentais mais importantes (nn. 79-82).

---

[1] LLOPIS, J. *La liturgia a través de los siglos*, cit., p. 60.

O capítulo quarto traz a teologia e os princípios para a reforma do ofício divino (nn. 83-101). O quinto capítulo é dedicado ao ano litúrgico, com fundamento teológico e normas para a sua melhor vivência (nn. 102-111). E os dois últimos capítulos falam da música sacra (nn. 112-121) e da arte e dos objetos sagrados (nn. 122-130). O documento traz também um "Apêndice" com uma declaração do Concílio sobre a revisão do calendário.

1.2. Considerações

Finalmente, a *Sacrosanctum Concilium* realizava o que deveria ter sido feito já em fins da Idade Média, mas que o Concílio de Trento não conseguiu fazer por falta de tempo e por causa do ritmo dos acontecimentos: "esclarecimento profundo sobre o que é a liturgia como culto da Igreja, como adoração ao Pai em espírito e verdade, como celebração memorial da obra salvífica de Cristo; indicações das normas diretrizes de uma reforma real, a fim de finalmente conseguir atingir... o alvo corajoso que Pio V (em 1570) havia prefixado para si, ou seja, a renovação da liturgia 'no jeito dos antigos Padres', naturalmente fazendo ao mesmo tempo uma atualização autêntica correspondente às necessidades dos nossos dias".[2]

Foi preciso esperar quatro séculos (ou até mais!) para que a reforma litúrgica chegasse. E chegou, finalmente, com o Concílio Vaticano II, que estabelece claros princípios teológicos e pastorais para a reforma. B. Kloppenburg, perito do Concílio, enumera oito: os princípios da natureza da liturgia, da participação dos fiéis, da fácil inteligibilidade, da descentralização, do uso da língua vernácula, da adaptabilidade da liturgia, da natureza didática de liturgia, da natureza comunitária da liturgia.[3]

O grande mérito do Concílio foi de ter colocado a liturgia numa perspectiva eminentemente teológica e pastoral. Superou-se uma visão exclusivamente estética e ritualista da liturgia em favor de sua compreensão teológica.

Mas para que o essencial da liturgia, isto é, o mistério de Cristo, pudesse reaparecer de fato e de novo na sua pureza absoluta, era preciso limpar toda a "poeira" medieval e pós-tridentina que se foi acumulando sobre as expressões celebrativas próprias do rito romano e que o transformaram num complicadíssimo "ninho" de individualismo religioso egocêntrico e de horizontes limitados. Foi preciso purificar o rito romano de todas as excrescências acumuladas ao longo dos tempos e que comprometiam seriamente a vivência do mistério pascal. Resgatar a liturgia romana na sua pureza original, este foi um dos grandes desafios, como na prática enfatiza o próprio Concílio:

---

[2] NEUNHEUSER, B. História da Liturgia. In: *DILI*. p. 540.
[3] Cf. KLOPPENBURG, B. Princípios da renovação litúrgica do Vaticano II. *REB* 24 (1964) 3-42.

[...] Os textos e os ritos devem vir a exprimir com clareza as realidades santas que significam, para que o povo cristão as perceba com maior facilidade, na medida do possível, e possa participar plena e ativamente da celebração comunitária (SC n. 21).

O rito deve se caracterizar por uma nobre simplicidade, ser claro e breve, evitar as repetições, estar ao alcance dos fiéis e não necessitar de muitas explicações (SC 34).

O Concílio resgata igualmente a dimensão comunitária da liturgia: esta é celebração da comunidade presidida por seus pastores. E, por ser ação da comunidade, resgatam-se também os diferentes ministérios nas ações litúrgicas, e o povo volta a ter contato direto e abundante com a Palavra de Deus proclamada e com o Sacramento celebrado.

E se a liturgia é ação da comunidade, procura-se resgatar a todo custo a participação plena, ativa e frutuosa dos fiéis nas celebrações. O próprio Concílio enfatiza que a participação ativa na liturgia é um direito e um dever do povo (cf. SC n. 14).[4] Para tanto, favoreçam-se todos os meios possíveis, a começar pela formação litúrgica em todos os níveis, pelo uso da língua vernácula e pela transparência dos ritos. E que a liturgia romana, plenamente resgatada, também se adapte à mentalidade e às tradições dos povos, garantindo sempre a evidência do essencial que é o mistério pascal de Cristo.

2. EXECUÇÃO DAS DETERMINAÇÕES DA CONSTITUIÇÃO CONCILIAR

Aprovada a Constituição sobre a Sagrada Liturgia, o papa Paulo VI não perdeu tempo. Tratou logo de levar a efeito as reformas pedidas pelo Concílio. Para tanto, no dia 25 de janeiro de 1964, constituiu um "Conselho para a Execução da Constituição sobre a Sagrada Liturgia",[5] composto de 30 a 40 cardeais e bispos, metade deles nomeados pelo papa, e metade enviados pelas conferências episcopais. À disposição deles foram colocados cerca de 200 assessores (consultores e conselheiros). Do Brasil participou do Conselho o bispo de Nova Friburgo (RJ), D. Clemente José Carlos Isnard, osb.

Mãos à obra, este Conselho desenvolveu um ingente trabalho de reestruturação de quase todos os ritos e da composição dos textos correspondentes em língua latina. Um enorme trabalho de revisão dos livros litúrgicos! A obra mais importante do Conselho foi sem dúvida o novo *Ordo Missae* (Ordinário da Missa) e a revisão do Missal Romano, promulgados em abril de 1969. O Missal foi enriquecido com três novas orações eucarísticas. Hoje já somam catorze em uso no Brasil.

Dignas de nota são as introduções feitas em cada livro litúrgico, nas quais se apresenta antes de tudo uma fundamentação teológica para o respectivo rito. São verdadeiras fontes de teologia sacramentária.

---

[4] Cf. SILVA, J. A. da & SIVINSKI, M. (org.). *Liturgia: um direito do povo.* Petrópolis, Vozes, 2001.

[5] ISNARD, C. J. C. O Conselho para a Execução da Constituição sobre a Sagrada Liturgia. In: SILVA, J. A. & SIVINSKI, M. (org.). *Liturgia: um direito do povo,* cit., pp. 43-56.

Tanto o Missal como vários outros livros litúrgicos passaram depois por novas revisões, sendo reeditados.

Sobre todo o trabalho de reforma realizado, assim conclui B. Neunheuser: "daí surtiu uma reforma de alcance verdadeiramente histórico. Salvaguardando o núcleo essencial colocado por Cristo e pelos apóstolos, procuraram voltar às formas originárias da liturgia romana clássica e simultaneamente levar em conta a situação hodierna".[6]

Principais documentos da Sé Apostólica para a execução da SC, até hoje:

— *Sacram liturgiam* (*Motu proprio* de Paulo VI, de 25.01.1964, determinando a entrada em vigor de algumas prescrições da *SC*: cf. *AAS* 56, 1964, pp. 139-144).

— *Inter oecumenici* (Primeira Instrução da SCR e do Conselho para aplicar a *SC*, de 26.09.1964: cf. *AAS* 56, 1964, pp. 877-900).

— *Tres ad hinc annos* (Segunda Instrução da SCR e do Conselho para aplicar a *SC*, de 04.05.1967: cf. *Notitiae* 3, 1967, pp. 169-194).

— *Liturgiae instaurationes* (Terceira Instrução da Congregação para o Culto Divino para aplicar a *SC*, de 05.09.1970: cf. *Notitiae* 7, 1971, pp. 10-26).

— *Varietates legitimae* (Quarta Instrução da Congregação para o Culto Divino e a Disciplina dos Sacramentos para aplicar a *SC*, de 25.01.1994: cf. *Notitiae* 30, 1994, pp. 80-115; *A liturgia romana e a inculturação* [= *Documentos Pontifícios 257]*, Petrópolis, Vozes, 1994). Traça normas para adaptação e inculturação da liturgia entre os diferentes povos.

— *Liturgiam authenticam* (Quinta Instrução da Congregação para o Culto Divino e a Disciplina dos Sacramentos para aplicar a *SC*, de 28.03.2001: cf. *Notitiae* 37, 2001, pp. 120-174; cf. *SEDOC* n. 288, pp. 194-236). Traça normas para a tradução dos textos litúrgicos para as línguas vernáculas.[7]

— *Redemptoris Sacramentum* (Sexta Instrução da Congregação para o Culto Divino e a Disciplina dos Sacramentos "sobre alguns aspectos que se deve observar e evitar acerca da Santíssima Eucaristia, de 25.03.2004: cf. *Notitiae* 451-452, 2004, p. 127-193; cf. Coleção "Documentos da Igreja" 16, São Paulo, Paulinas, 2004).

---

[6] NEUNHEUSER, B. História da Liturgia. In: *DILI*, p. 541.

[7] Todos esses documentos (alguns em parte) foram publicados por URDEIX, Josep (org.). *La gradual renovación litúrgica*. Barcelona, Centre de Pastoral Litúrgica, 2001 (*CPh* 120) [= *CPh*, com seu respectivo número]. Para a Instrução "Redeptionis Sacramentum", cf. *CPh* 143. Além destes, podemos ainda destacar outros importantes: PAULO VI. *Encíclica "Mysterium Fidei" sobre a Sagrada Eucaristia*, de 03.09.1965 (cf. *AAS* 57, 1965, pp. 753-774). Petrópolis, Vozes, 1965 (Col. Documentos Pontifícios 153; *CPh* 84, pp. 5-26); SAGRADA CONGREGAÇÃO DOS RITOS. *Instrução "Eucharisticum Mysterium" sobre o Culto Eucarístico*, de 25.05.1967. Petrópolis, Vozes, 1967 (Col. Documentos Pontifícios 168); Idem. *Carta Circular "Eucharistiae participationem" acerca das orações eucarísticas e das possibilidades oferecidas no missal para a feitura da celebração*, de 18.04.1973 (cf.

3. REFORMA LITÚRGICA PÓS-CONCILIAR NA AMÉRICA LATINA E NO CARIBE

Apenas destacaremos algumas linhas básicas da busca da reforma litúrgica pós-conciliar na América Latina e no Caribe refletidas nos principais documentos do Celam (Conferência do Episcopado Latino-Americano): de Medellín (1968), de Puebla (1979) e de Santo Domingo (1992).[8] Por motivos óbvios, não é possível abordar aqui todos os pormenores da reforma neste continente.

3.1. Medellín (1968)

> *Linhas gerais da situação da liturgia na América Latina, segundo Medellín:*
> * *Os esforços em busca de renovação são crescentes, mas ainda insuficientes.*
> * *Houve mudança nos ritos, mas não de mentalidade, com o perigo de cair no neo-ritualismo.*
> * *Sente-se enorme dificuldade em adaptar a liturgia às várias culturas.*
> * *O bispo nem sempre exerce seu papel de liturgo, promotor, regulador e orientador do culto.*
> * *A liturgia não está suficientemente integrada na educação religiosa.*
> * *O número de peritos para apoiar o trabalho da renovação litúrgica é insuficiente* (cf. *MED*, 9,II).[9]

A II Conferência do Episcopado Latino-Americano, reunida em Medellín (na Colômbia) em 1968, apoiada na constituição conciliar *Lumen Gentium* e na Encíclica *Populorum Progressio* de Paulo VI, fez uma releitura da cons-

---

Notitiae 9, 1973, pp. 193-201; *SEDOC* n. 64, 1973, col. 290-296); João Paulo II. *Carta apostólica "Domicae coenae" sobre o mistério e o culto da eucaristia*, de 24.02.1980 (cf. *Notitiae* 16, 1980, pp. 125-154; *CPh* 84, pp. 27-58; *SEDOC* n. 130, 1980, col. 897-918); Idem. *Carta apostólica "Vicesimus quintus annus" sobre o XXV aniversário da "Sacrosanctum Concilium" sobre a Sagrada Liturgia*. Petrópolis, Vozes, 1989 (Col. Documentos Pontifícios 227); cf. também *CPh* 30, pp. 63-80); Idem. *Carta apostólica "Dies Domini" sobre a santificação do domingo*, de 31.05.1998. São Paulo, Paulus, 1998 (cf. também *CPh* 93); Idem. *Carta Encíclica "Ecclesia de Eucharistia" sobre a Eucaristia e sua relação com a Igreja*, de 17.04.2003. São Paulo, Paulus/Loyola, 2003 (cf. também *CPh* 133); Idem. *Carta apostólica "Mane nobiscum Domine" para o ano da Eucaristia*, de 07.10.2004. São Paulo, Paulus/Loyola, 2004 (Col. Documentos Pontifícios); Sagrada Congregação para o Culto Divino. *Diretório para celebrações dominicais na ausência do presbítero*, de 02.06.1988 (cf. *Notitiae* n. 263, 1988, pp. 366-378; *CPh* 30, pp. 33-62; 60, pp. 3-32; *SEDOC* n. 213, 1989, pp. 17-26); Congregação para o Culto Divino e a Disciplina dos Sacramentos. *Diretório sobre piedade popular e Liturgia. Princípios e orientações* São Paulo, Paulinas, 2003 (Col. Documentos da Igreja 12). Documentos sobre a reforma do calendário, de 17.12.2001 (cf. *CPh* 80). Vale lembrar também os diferentes acordos ecumênicos sobre o batismo, eucaristia e ministérios" (cf. *CPh* 2, pp. 7-11, 12-21, 37-68; 15, pp. 5-72; 54, pp. 41-51).

[8] Cf. bibliografia no final deste capítulo.

[9] Oito anos mais tarde, em relação a esses pontos são constatados alguns progressos. Mas também sente-se que há muito a desejar, inclusive com sérios problemas que se somam por falta de formação e de conhecimento do verdadeiro espírito da reforma do Concílio Vaticano II (cf. Celam, Realização da reforma litúrgica, Medellín, 1976, em *Liturgia para a América Latina*, *Documentos e Estudos*. São Paulo, Paulinas, 1977, pp. 76-99).

tituição *Sacrosantum Concilium* sobre a liturgia para o concreto contexto social e eclesial deste continente.

No todo do documento, a grande questão a ser respondida era esta: À luz do Vaticano II, qual é a missão da Igreja dentro do continente latino-americano, caracterizado de um lado por miséria, opressão, dependência econômica, política e cultural, e de outro por um desejo impaciente de mudança, de transformação em todos os níveis?

Pois bem, ao ler o documento de Medellín integrando o seu capítulo 9 (que trata explicitamente da liturgia), com a sua Introdução geral (na qual se fala da Páscoa como realidade concreta que acontece hoje, quando há "passagem de condições menos humanas para condições mais humanas"), poderíamos destacar três eixos fortes que orientam a reforma litúrgica no continente.

Primeiro eixo: Medellín intuiu e expressou uma estreita ligação entre liturgia e libertação, liturgia e história, liturgia e transformação. Percebe-se no documento uma "liturgia da libertação". A Páscoa que a liturgia celebra deve incluir também as intervenções de Deus na história concreta do povo pobre e oprimido deste continente, quando há "passagem de condições menos humanas para condições mais humanas". Como se realizaria essa ligação, na prática de uma celebração litúrgica, o documento não disse. Mas as comunidades cristãs (sobretudo as Comunidades Eclesiais de Base: CEBs) foram aos poucos encontrando um caminho, criando uma nova prática, com sua linguagem, seus símbolos, sua música e seus cantos, sua espiritualidade libertadora.[10]

> A partir de Medellín e das comunidades, "vão-se delineando os traços de uma teologia litúrgica primeira que deverá ser levada em conta e desenvolvida pelos liturgistas:
> • a assembléia é uma parada na caminhada do povo de Deus para, diante do Senhor, avaliar e renovar o compromisso da aliança com o Deus-libertador-dos-oprimidos;
> • o Deus que se revela pela sua Palavra é o Deus que atua na história, libertando o seu povo, ontem como hoje;
> • a celebração litúrgica é memorial da páscoa de Cristo, sim, mas do Cristo Cabeça e Membros, do Cristo Total, do Cristo que continua morrendo e ressuscitando no povo oprimido hoje;
> • o Cristo que nos dá seu Corpo e Sangue na Eucaristia é o Servo Sofredor. Levado à cruz injustamente, é salvo e justificado pelo Pai. É o Cristo Glorificado que associa à sua glória todos aqueles que deram sua vida por amor aos irmãos e que foram injustiçados, perseguidos, presos, torturados, mortos;
> • celebração e vida formam uma unidade, enquanto ambas são expressões inseparáveis do único culto espiritual do Novo Testamento".[11]

Outro eixo do documento de Medellín é a insistência no homem latino-americano como "sujeito" da transformação do continente. Isso significa

---

[10] Buyst, I. Medellín na Liturgia. In: *REB* 48 (1988) 864-866.
[11] Buyst, I., art. cit., pp. 866-867.

que, também em termos litúrgicos, o povo pobre e oprimido (maioria esmagadora do continente) emerge como grande *sujeito* das ações celebrativas das comunidades. É o que na prática vai-se percebendo, nas CEBs. Descentralizam-se os locais de celebração, espalhando-se celebrações litúrgicas por todo canto. Todos participam sentindo-se assembléia, povo de Deus. Multiplicam-se ministérios assumidos pelo próprio povo. A Palavra de Deus é valorizada, sendo lida e comentada a partir da realidade sofrida e vivida pelo povo.

> *A comunidade cristã de base, em sua liturgia, revive a experiência cristã da Igreja primitiva: a reunião dos cristãos nas casas para a leitura da Bíblia, a pregação dos apóstolos, a celebração da Eucaristia e a comunhão fraterna.*[12]
> *Alguns tópicos já começam a despontar para sistematização dos teólogos liturgistas:*
> • *o sujeito privilegiado, convocado por Deus para a assembléia litúrgica, é o povo pobre e oprimido, reunido em comunidade;*
> • *o mesmo povo é também o primeiro destinatário da Boa Nova anunciada na liturgia;*
> • *o grito e o lamento do povo expressos na oração dos fiéis têm força junto a Deus: Ele ouve o seu clamor e desce para fazer justiça e libertar;*
> • *a liturgia é ação comunitária: toda a comunidade é povo sacerdotal, participante do sacerdócio de Jesus Cristo;*
> • *o Cristo que está presente na assembléia litúrgica é o Cristo que se identifica com os pobres; tem compaixão do povo, pára para ver e ouvir seus problemas, hoje como ontem.*[13]

Um terceiro eixo que emerge: há que se libertar a liturgia do seu formalismo sisudo, de sua rigidez ritualística, e resgatar uma liturgia na cultura do povo, em ambiente doméstico de comunicação informal, onde as pessoas sintam-se livres para se expressar à vontade. É o que na prática vai-se constatando nas celebrações das CEBs. Sendo preparada pelo povo, a liturgia na Igreja dos pobres vai ganhando um "rosto" mais popular, com traços característicos da cultura dos pobres do lugar (seus símbolos, seu jeito de falar, pensar, enfeitar, rezar, cantar, tocar, adorar etc.).

> *Podemos destacar "três grandes linhas características da liturgia de Medellín:*
> *I. A liturgia da libertação: trata-se basicamente da relação entre liturgia e práxis libertadora, que faz surgir uma nova compreensão e vivência do mistério celebrado.*
> *II. Mudança de dono: trata-se da passagem de uma liturgia centralizada no clero, nos grandes centros, para uma liturgia 'atomizada', descentralizada, nascendo da cabeça, das mãos e do coração do povo pobre e marginalizado.*
> *III. Libertação da liturgia: o novo dono vai aos poucos imprimindo seu próprio estilo às celebrações: é a liturgia tornando-se mais popular, negra, indígena, mulher..., mais gestual e simbólica, mais afetiva e fervorosa".*[14]

3.2. Puebla (1979)

Dez anos se passaram, e o grande sonho de mudança e transformação, que o documento de Medellín transpirava, pareceu não ter-se realizado.

---

[12] CELAM, *Liturgia para a América Latina*, cit., p. 63.
[13] BUYST, I., art. cit., p. 870.
[14] BUYST, I., art. cit., p. 861.

O povo latino-americano estava ainda mais na miséria, opressão, dependência econômica, política e cultural.

A III Conferência Geral do Episcopado Latino-Americano, realizada em Puebla (México) em 1979, ao constatar essa realidade, desenvolve então seu projeto de evangelização levando em conta três grandes temas: opção preferencial pelos pobres, religiosidade popular, comunhão e participação.

Fazendo a opção preferencial pelos pobres (que são a maioria na América Latina), a Conferência se deu conta de que "a religião deste povo, em sua forma cultural mais característica, é expressão da fé católica. É um catolicismo popular" (PUE n. 444).

Por isso, ao tratar da "liturgia", o documento o faz em conjunto com os temas "oração particular" e "piedade popular" (PUE nn. 896-963). Em outras palavras, no trabalho de evangelização na América Latina, há que se integrar necessariamente "liturgia" e "religiosidade popular", numa mútua fecundação. A liturgia, baseada em autêntica teologia e purificada dos vícios herdados do passado, deverá sabiamente se adaptar a essa "cultura" típica ("catolicismo popular"), aprendendo com ela, ao mesmo tempo que essa "cultura" deverá também ser purificada pelo espírito da liturgia herdado da Tradição antiga da Igreja e retransmitido pelo Concílio Vaticano II. Está lançado, pois, o desafio da "inculturação da liturgia" na realidade cultural típica latino-americana (cf. PUE n. 940)!

O Centro de Liturgia da Pontifícia Faculdade de Teologia N. Sra. da Assunção (S. Paulo) desenvolveu, adotou e vem promovendo a partir de 1984 uma metodologia própria para a formação litúrgica, pela qual se parte da constatação e análise de práticas celebrativas bem concretas (primeiro passo), reflete-se teologicamente sobre esta realidade à luz da Tradição (segundo passo) e se tira conclusões para o aperfeiçoamento destas práticas (terceiro passo). Nesta linha se desenvolveu também a eficiente metodologia do "laboratório litúrgico", já bem difundida pelo Brasil afora, promissora de uma liturgia verdadeiramente inculturada.[15]

---

[15] Cf. Buyst, I. *Como fazer ciência litúrgica na América Latina hoje: princípios.* (Tese de Mestrado: Faculdade de Teologia Nossa Senhora da Assunção, São Paulo), p.ms., São Paulo 1987; Id., *Como estudar liturgia: princípios de ciência litúrgica*, São Paulo, Paulus, 1990; Id., *O hino "Cristo Ressuscitou". Relato e análise de uma experiência litúrgica como contribuição para a metodologia da ciência litúrgica* (Tese de Doutorado: Faculdade de Teologia Nossa Senhora da Assunção, São Paulo), p.ms., São Paulo 1993; Id., *Pesquisa em liturgia: relato e análise de uma experiência*, São Paulo, Paulus, 1994; Id., *Cristo ressuscitou: meditação litúrgica com um hino pascal*, São Paulo, Paulus, 1995; Centro de Liturgia. Faculdade de Teologia Nossa Senhora da Assunção. São Paulo, *Formação litúrgica. Como fazer?* (Cadernos de Liturgia 3), São Paulo, Paulus, 1994; Id., *Curso de Especialização em Liturgia. Uma experiência universitária significativa* (Cadernos de Liturgia 4), Paulus, São Paulo, 1995; Ormonde, D. Laboratório litúrgico. O que é, como se faz, por quê? *Revista de Liturgia* (*A Vida em Cristo e na Igreja*) n. 122 (1994), 34-35; Baronto, L. E. P. *Laboratório litúrgico. Pela inteireza do ser na vivência ritual*, São Paulo, Ed. Salesiana, 2000.

Tudo isso, dentro do espírito de comunhão e participação. Em outras palavras, reafirma-se o caráter eminentemente comunitário da liturgia, na qual todos possam participar de modo pleno, consciente e ativo, sentindo-se verdadeiros atores das ações celebrativas com sua cultura.

Linhas gerais da situação da liturgia na América Latina, segundo Puebla:

Em geral, a renovação litúrgica na América Latina está dando resultados positivos, pelo fato de se estar novamente encontrando a posição real da Liturgia na missão evangelizadora da Igreja, pela maior compreensão, participação dos fiéis, favorecidos pelos novos livros litúrgicos e pela difusão da Catequese pré-sacramental.

Isto foi favorecido pelos documentos da Sé Apostólica e das Conferências Episcopais, bem como por encontros em diversos níveis: latino-americano, regional, nacional etc.

Facilitaram esta renovação o idioma comum, a riqueza cultural e a piedade popular.

Sente-se a necessidade de adaptar a liturgia às diversas culturas e à situação de nosso povo jovem, pobre e humilde.

A falta de ministros, a dispersão populacional e a situação geográfica do continente fizeram crescer a consciência da utilidade das celebrações da Palavra e da importância de servir-se dos meios de comunicação social (rádio e televisão) para alcançar a todos.

Verificamos, entretanto, que não se tem atribuído ainda à pastoral litúrgica a prioridade que lhe cabe dentro da pastoral de conjunto, continuando muito prejudicial a oposição existente em alguns setores entre Evangelização e Sacramentalização. Falta um aprofundamento em torno da formação litúrgica do clero; nota-se marcada ausência de Catequese litúrgica destinada aos fiéis.

A participação na liturgia não repercute de forma adequada no compromisso social dos cristãos. A instrumentalização que, por vezes, se faz da mesma, lhe desfigura o valor evangelizador.

Prejudicial também tem sido a falta de observância das normas litúrgicas e do seu espírito pastoral, por abusos que causam desorientação (PUE nn. 896-903).

3.3. Santo Domingo (1992)

A IV Conferência Geral do Celam, realizada em Santo Domingo (Haiti), em 1992 (por ocasião do quinto centenário do "descobrimento" da América), situa-se no contexto da grande campanha do papa João Paulo II em favor da "nova evangelização" de todos os povos, cada qual com sua cultura.

Neste contexto, o documento final da Conferência (documento de Santo Domingo: SD) destaca como grande desafio o da inculturação do Evangelho entre os povos da América Latina e do Caribe com sua cultura religiosa típica. O título do documento expressa essa preocupação: *Nova Evangelização, Cultura Cristã e Inculturação*.

O documento enfatiza o profundo sentido evangelizador da celebração litúrgica segundo o espírito do Vaticano II, nas diferentes culturas (SD nn. 34-35). Ao mesmo tempo retoma a "religiosidade popular" como um valor cultural que não pode ser esquecido no trabalho da evangelização (SD n. 36).

É necessário que reafirmemos nosso propósito de continuar os esforços por compreender cada vez melhor e acompanhar com atitudes pastorais as maneiras de sentir e viver, compreender e expressar o mistério de Deus e de Cristo por parte de nossos povos, para que purificadas de suas possíveis limitações e desvios cheguem a encontrar seu lugar próprio em nossas igrejas locais e em sua ação pastoral (SD, n. 36).

Quanto à liturgia, testemunha o documento que "muito resta a ser feito tanto para assimilar em nossas celebrações a renovação litúrgica desencadeada pelo Concílio Vaticano II, como para ajudar os fiéis a fazer da celebração eucarística a expressão de seu compromisso pessoal e comunitário com o Senhor. Ainda não se alcançou plena consciência do que significa a centralidade da liturgia como fonte e cume da vida eclesial. Perdeu-se para muitos o sentido do 'dia do Senhor' e da conseqüente exigência eucarística. Persiste a pouca participação da comunidade cristã, e surge quem queira se apropriar da liturgia sem considerar seu verdadeiro sentido eclesial. Descuidou-se da séria e permanente formação litúrgica segundo as instruções e os documentos do magistério (cf. Carta apostólica *Vicesimus quintus annus*, 4), em todos os níveis. Ainda não se dá atenção ao processo de uma sã inculturação da liturgia. Isso faz com que as celebrações sejam ainda, para muitos, algo ritualista e privado a ponto de não se fazerem conscientes da presença transformadora de Cristo e de seu Espírito nem de traduzirem-se em um compromisso solidário para a transformação do mundo" (SD n. 43).

Como se vê, manifesta-se aí a nítida preocupação em relação a uma sã inculturação da liturgia, com certeza em todos os níveis. Posteriormente, voltando a atenção especificamente aos indígenas, o documento propõe: "Promover uma inculturação da liturgia, acolhendo com apreço seus símbolos, ritos e expressões religiosas compatíveis com o claro sentido da fé, mantendo o valor dos símbolos universais e em harmonia com a disciplina geral da Igreja" (SD n. 248).

Resumindo

A reforma do Concílio Vaticano II, preparada pelo movimento litúrgico, busca resgatar o verdadeiro sentido teológico da liturgia segundo a Tradição romana antiga; busca resgatar a participação ativa, consciente e frutuosa do povo na liturgia segundo esta mesma Tradição; busca resgatar o sentido eminentemente comunitário da liturgia.

O Celam, através de suas Conferências Gerais de Medellín, Puebla e Santo Domingo, procura aproximar liturgia e vida do povo em busca de libertação. Busca garantir que o povo pobre do continente latino-americano, sinta-se o grande sujeito da liturgia. Busca resgatar uma liturgia com "a cara" desse povo, a partir de uma mútua fecundação entre liturgia e religiosidade popular. Busca incentivar a inculturação da liturgia no meio do nosso povo latino-americano com sua cultura típica ("catolicismo popular"). Para tanto, insiste-se muito na formação litúrgica em todos os níveis.

Esta reforma com certeza terá êxito se for capaz de saber dialogar com o "catolicismo popular", não se deixando, ao mesmo tempo, engolir por fenômenos "religiosos" de tom intimista e individualista, típicos dos tempos modernos. E o sucesso desse diálogo, em vista de um processo de inculturação da liturgia, depende de uma metodologia apropriada, pela qual se parte da constatação e análise de práticas celebrativas bem concretas, reflete-se teologicamente sobre esta realidade à luz da Tradição e tira-se conclusões para o aperfeiçoamento dessas práticas. É o que está se ensaiando no Brasil, e com resultados positivos. A formação litúrgica, com essa metodologia, continua sendo o grande desafio para levar adiante o processo de reforma litúrgica deslanchado pelo Vaticano II e incentivado pelos documentos do Celam.

Para pensar, trocar idéias e experiências

1. Dentro do panorama histórico geral da liturgia, o que você anotaria como característico da reforma litúrgica do Concílio Vaticano II?

2. Em que linha a reforma litúrgica do Concílio Vaticano II veio sendo aplicada na Igreja da América Latina? O que já foi feito, e quais os principais desafios para o futuro?

3. Nas celebrações de sua comunidade, que elementos você percebe da reforma litúrgica do Concílio Vaticano II? E você percebe nelas também algum elemento próprio das propostas de Medellín, Puebla, Santo Domingo? Qual?

4. Como você resumiria a história da liturgia no segundo milênio da era cristã?

Bibliografia complementar

a) Textos oficiais

CELAM. *A Igreja na atual transformação da América Latina à luz do Concílio. Conclusões de Medellín.* 8. ed. Petrópolis, Vozes, 1985.

————. *A evangelização no presente e no futuro da América Latina. Conclusões: Puebla.* São Paulo, Loyola, 1982.

CELAM. *Santo Domingo: Nova Evangelização, Cultura Cristã e Incultu-ração*. Petrópolis, Vozes, 1992.

VATICANO II. Constituição "Sacrosanctum Concilium" sobre a Sagrada Liturgia. In: *Compêndio do Vaticano II*. 26. ed. Petrópolis, Vozes, 1997. pp. 259-306.

b) Outros

CHUPUNGCO, A. Adaptação. In: *DILI*. pp. 5-9.

c) Revistas

BUYST, I. Medellín na Liturgia. *REB* 48 (1988) 860-875.

———. Liturgia no documento de Medellín. *Revista de Liturgia (A vida em Cristo e na Igreja)*, n. 62 (1984)2-8.

VAN DEN BERG, A. Puebla e a liturgia. A repercussão dos grandes enfo-ques de Puebla na liturgia. *Revista de Liturgia (A vida em Cristo e na Igreja)*, 62 (1984) 10-18.

Capítulo quinto

EM MINHA MEMÓRIA

Ione Buyst

No coração da celebração eucarística, que é o centro de toda a liturgia, ressoam as palavras de Jesus referidas por Paulo e Lucas:[1] *Façam isto em minha memória.* Em seguida, o ministro anuncia o que temos de mais sagrado: *Eis o mistério de nossa fé!* E qual é o mistério de nossa fé? Qual é o alicerce sobre o qual se apóia nossa identidade cristã, nossa vida eclesial, nossa missão? A aclamação cantada por toda a comunidade reunida responde: *Anunciamos, Senhor, a vossa morte e proclamamos a vossa ressurreição. Vinde, Senhor Jesus!* Nessas três frases encontramos a resposta à pergunta fundamental: o que celebramos na liturgia cristã? Fazemos memória de Jesus Cristo. Celebramos o mistério de nossa fé, que é o mistério da morte-ressurreição de Jesus, o mistério pascal. Celebramos "até que ele venha", na perspectiva escatológica da plena realização do Reino de Deus.

As palavras-chave que iremos trabalhar neste capítulo são: *memória, mistério* e *mistério pascal,* em sua origem e em sua compreensão atual. Outros termos importantes da teologia litúrgica serão lembrados: *aliança, festa para o Senhor, presença* (de Cristo e do Espírito Santo), *iniciação, sacrifício* (entrega, oblação), *compromisso, martírio.*

1. FAZENDO MEMÓRIA, PARTICIPAMOS DOS ACONTECIMENTOS SALVADORES

Comprender a páscoa judaica e cristã como dados históricos e como *memória ritual* é de fundamental importância para nossa participação em todas as celebrações de liturgia cristã.

1.1. A Páscoa como memorial

A festa anual da Páscoa do povo judeu tem relação com a saída (êxodo) do Egito e a conseqüente libertação da escravidão à qual o povo era

---

[1] 1Cor 11,23-26; Lc 22,19-20.

submetido naquele país. Várias tradições agrupadas no livro do Êxodo falam dessa relação. Ex 12 recolhe primeiro a tradição das tribos nômades que a cada início de primavera sacrificavam as "primícias" (primeiros cordeiros nascidos naquele ano) para oferecer à divindade. Descreve com detalhes como deve ser preparada e realizada a festa: o sacrifício de um carneiro (cordeiro), a marcação dos batentes das portas das casas com o sangue do animal sacrificado, em sinal de proteção. O versículo 14 diz expressamente: *Este dia será para vós um memorial e o celebrareis como uma festa para o Senhor. Nas vossas gerações a festejareis; é um decreto perpétuo.* Em seguida, recolhe a tradição dos agricultores que celebravam na mesma época a "festa dos Ázimos", pães sem fermento feitos com as primeiras espigas da colheita de cevada. E, de novo, relaciona a festa com a saída da escravidão do Egito: *Observareis, pois, a festa dos Ázimos, porque nesse dia é que fiz o vosso exército sair da terra do Egito. Vós observareis este dia em vossas gerações; é um decreto perpétuo.* Fazendo alusão a um elemento do rito pascal, o texto continua: *Quando vossos filhos vos perguntarem: "Que rito é este?", respondereis: "É o sacrifício da Páscoa para o Senhor que passou adiante das casas dos filhos de Israel no Egito, quando feriu os egípcios, mas livrou as nossas casas".*

Prestem atenção ao termo usado para estabelecer a relação da festa da Páscoa com o fato da saída (êxodo) do Egito: *memorial* (em hebraico *zikarón*, em grego *anámnesis)*. Não se trata de uma simples recordação, uma simples lembrança. Trata-se de uma participação do fato lembrado, graças à participação no rito celebrado. É o que fica claro em Ex 13,3-10. O autor sagrado (provavelmente da tradição do deuteronomista) apresenta o sentido da festa, como se Moisés estivesse falando. Destaquemos alguns versículos: *Lembrai-vos deste dia, em que saístes do Egito, da casa da escravidão; pois com mão forte o Senhor vos tirou de lá; e, por isso, não comereis pão fermentado. Hoje é o mês de Abib e estais saindo. (...) Guardarás este rito neste mês. (...) Naquele dia falarás a teu filho: "Eis o que o Senhor fez por mim, quando saí do Egito"...*

Notaram bem os detalhes do texto? Quem participa da festa da Páscoa, está naquele momento saindo da escravidão, está sendo libertado pelo Senhor: "Eis o que o Senhor fez por *mim* quando *(eu!)* saí do Egito". O memorial traz o fato recordado e ritualmente presente, hoje. Dessa forma, possibilita que as pessoas que participam da festa estejam incluídas na relação de aliança de todo o seu povo com o Senhor e que a libertação seja um fato contínuo, até a plena realização das promessas do Senhor.

1.2. A nova Páscoa como memorial

Quase dois mil anos depois de Moisés ter organizado a saída dos hebreus da escravidão do Egito, Jesus, filho de um carpinteiro da Galiléia, reúne discípulos(as) e seguidores(as), percorre o país e reúne multidões de pessoas pobres. Acolhe a todos e todas com carinho e compaixão: *Tenho compaixão deste povo, porque é como ovelhas sem pastor...* (Mt 9,36; Mc 6,34). Prega uma doutrina diferente da habitual. Perdoa pecados. Cura cegos, surdos e aleijados. Alimenta multidões de gente faminta... *Eu vim para que tenham vida, e a tenham em abundância* (Jo 10,10).

As autoridades civis e eclesiásticas, vendo nele um perigo para a nação, preocupadas em perder o poder e o prestígio, mandam prender Jesus e, depois de um rápido julgamento, ordenam sua execução; ele morre crucificado. Seus discípulos(as), subitamente perdendo o medo, anunciam que está vivo, ressuscitado, glorificado pelo Pai. Viram o túmulo vazio e se encontraram com ele; comeram e beberam com ele depois de sua ressurreição. Têm convicção profunda de que o mesmo Deus que libertou seu povo do poder do Egito ressuscitou Jesus e o libertou da morte, fazendo-o sentar à sua direita, instaurando assim a autoridade de Jesus como Messias. *A este Jesus que vocês crucificaram, Deus ressuscitou e disto nós somos testemunhas... Ele o constituiu Senhor e Cristo* (cf. At 2,24.32.36). Contrariando as proibições das autoridades, continuam se encontrando e saem por toda parte pregando e reunindo gente em nome de Jesus. Formam comunidades e dividem entre si tudo o que possuem. Consideram-se pessoas libertadas da morte e ressuscitadas para uma vida nova, juntamente com Jesus, pelo poder do Espírito Santo.

Na véspera de sua morte, Jesus, sabendo que o estavam procurando para prender e matar, havia reunido os seus e celebrado com eles a Páscoa, como era o costume de sua gente. No entanto, com os ritos da Páscoa antiga, Jesus havia anunciado algo novo: uma nova Páscoa e um novo êxodo. Nos textos do Novo Testamento que falam da última Ceia de Jesus, é marcante a relação entre a Páscoa antiga e a Páscoa de Jesus. Sua morte é apresentada como um êxodo. Ele é chamado de "cordeiro pascal". Sua morte é considerada um sacrifício (entrega, oblação) que traz vida para muitos: quem é marcado com seu sangue, é salvo da morte. E há principalmente, na tradição de Paulo e Lucas, o mesmo mandamento do memorial: *Façam isto em minha memória.* "Minha" memória: o antigo memorial é substituído pelo novo, ainda que em continuidade com o antigo, como sua complementação, como sua plena realização. *Memória*: pela ação ritual acontece para nós, hoje, a Páscoa de Jesus, no contexto da nova aliança.

A entrega de Jesus, sua morte-ressurreição que aconteceu *uma única vez* (Hb 10,10-18), torna-se presente para nós pela ação litúrgica, ou seja, *toda vez* que fazemos memória desses fatos e de nossa salvação: *Todas as vezes que comeis deste pão e bebeis deste cálice, anunciais a morte do Senhor, até que ele venha* (1Cor 11,26). Não se trata de uma repetição, mas de uma atualização. O passado é trazido para o presente, no *hoje* da celebração litúrgica. Pela ação memorial também o futuro torna-se presente, a vinda gloriosa do Senhor é antecipada na ação ritual; a realização escatológica — do *fim* — já está presente no memorial; já estamos *antegozando* dela no momento celebrativo (cf. SC 8). A memória abrange passado, presente e futuro; no *hoje* da celebração estamos ao mesmo tempo na Galiléia e na Judéia daquele tempo e no meio da multidão reunida ao redor do trono e do Cordeiro e dos anjos e santos, de que fala o Apocalipse, descrevendo a realidade celeste.

Podemos ver como esses três momentos ou *três dimensões da "memória" litúrgica* estão presentes na aclamação mais importante da celebração eucarística: *Anunciamos, Senhor, a vossa morte e proclamamos a vossa ressurreição. Vinde, Senhor Jesus:*[2]

— Anunciamos a morte do Senhor e proclamamos sua ressurreição que aconteceram no *passado*.

— Ao fazer isso, pela força do Espírito Santo, no momento litúrgico atual, *hoje*, Deus nos faz passar da morte para a vida.

— Enquanto celebramos e cantamos *"Vinde, Senhor Jesus!"*, ou *"até que ele venha!"*, evocamos a *realidade futura* na qual acreditamos: o Reino de Deus plenamente realizado, penetrando toda a realidade.

1.3. Uma festa para o Senhor

O memorial da antiga e nova Páscoa só tem sentido no contexto da aliança com o Senhor. Por puro amor, por gratuidade, por compaixão, em sua imensa ternura é que o Senhor propõe a aliança. *Vocês serão meu povo e eu serei o seu Deus:* esta é a proposta que perpassa toda a história sagrada. A iniciativa é dele. Noé, Abraão, Moisés, Josué, Davi, Josias, Esdras... são apenas os expoentes, os intermediários entre o Senhor e o seu povo. E o que a aliança prevê? Da parte do Senhor: a promessa de proteção, bênção, defesa contra os inimigos, vida, paz, terra, prosperidade...; em troca disso, da parte do povo: obediência, escutar e seguir o Senhor, pertença, fidelidade, exclusividade. O Senhor revela o seu Nome. O povo será considerado pelo Senhor como um reino de sacerdotes, uma nação consagrada, um povo de sua particular propriedade. O Senhor será amado e cultuado pelo povo como o único Senhor, o único Deus. A aliança é celebrada por um rito memorial e, de tempos em tempos, é renovada. Haverá relações de intimidade entre os parceiros da aliança: como entre um rebanho e seu pastor, como entre a vinha e seu agricultor, como entre um filho e seu pai, como entre a esposa e seu esposo. A aliança com o Senhor

---

[2] Outra aclamação prevista com o mesmo sentido: *Todas as vezes que comemos deste pão e bebemos deste cálice, anunciamos, Senhor, a vossa morte, enquanto esperamos vossa vinda!* Ou ainda: *Toda vez que se come deste pão, toda vez que se bebe deste vinho, se recorda a paixão de Jesus Cristo e se fica esperando sua volta!*

faz jorrar uma fonte borbulhante de vida, de energia, de coragem, mesmo em meio às adversidades.

Contudo, a aliança é rompida pela infidelidade da nação, pela indiferença em relação ao Senhor. No Novo Testamento (Nova Aliança), Jesus é apresentado como o Servo do Senhor que restabelece a aliança e abre a possibilidade de participação de todas as nações. Sobre ele repousa o Espírito do Senhor. Como um bode expiatório, como um cordeiro levado ao matadouro, assume e carrega todo o pecado do mundo, e, assim, *por meio dele o desígnio de Deus há de triunfar* (Is 53,10). Sua morte na cruz, momento mais trágico e crucial de sua solidariedade com seus irmãos, é entendida pelos seus como supremo ato de amor, como resgate e libertação universal da escravidão do pecado que desvia o ser humano de seu verdadeiro destino e vocação. *Ninguém tem maior amor do que aquele que dá a vida por seus amigos* (Jo 15,13) — *Jesus, tendo amado os seus que estavam no mundo, amou-os até o fim* (Jo 13,1) — *Isto é meu corpo doado por vós... Isto é meu sangue, o sangue da nova e eterna aliança, que será derramado por vós e por todos, para remissão dos pecados.* Tornou-se assim fonte de salvação, na medida em que "sua morte destruiu a morte" e a inimizade entre os povos; abriu para todos o caminho da ressurreição, a entrada na glória, na comunhão definitiva em Deus. Abriu o caminho da plena comunhão de todos os povos com o Pai. A noiva está pronta para se encontrar com o noivo e a aliança se realiza definitivamente: *Eis a tenda de Deus com os humanos. Ele habitará com eles; eles serão o seu povo, e ele, Deus-com-eles, será o seu Deus* (Ap 21,3).

2. O MISTÉRIO DA PÁSCOA

Falamos da Páscoa como intervenção libertadora de Deus na vida do povo e falamos da Páscoa como celebração que recorda esta intervenção de Deus. Todavia, Páscoa é entendida também como *mistério*. Daí a expressão *mistério pascal* em textos litúrgicos e documentos da Igreja. Vejamos, a título de exemplo:

Acolhei, ó Deus, com estas oferendas as preces de vosso povo, para que a nova vida, que brota do "mistério pascal", seja por vossa graça penhor de eternidade... (Oração sobre as oferendas, Vigília pascal).

Esta obra da redenção humana e da perfeita glorificação de Deus (...) completou-a Cristo-Senhor, principalmente pelo "mistério pascal" de sua sagrada paixão, ressurreição dos mortos e gloriosa ascensão. Por este mistério, Cristo, "morrendo, destruiu a nossa morte e, ressuscitando, recuperou a vida" (SC 5).

... Pelo batismo os homens (e mulheres) são inseridos no "mistério pascal" de Jesus Cristo (SC 6).

Vejamos primeiro o sentido de *mistério* e em seguida o de *mistério pascal*.

Na linguagem comum, *mistério* tem a ver com segredo, enigma, algo incompreensível, escondido ou oculto, que ultrapassa nossa compreensão: "Esse rapaz é um mistério para mim!" — "Não consigo entender essa situação; é muito misteriosa". De fato, a palavra grega *mysterion* vem de *muein*, fechar; entenda: fechar a boca e os lábios, isto é, não falar, guardar segredo. Assim, por exemplo, um plano militar secreto é *mysterion*. Entretanto, na literatura apocalíptica da Bíblia, o termo "mistério" aparece com um sentido novo, específico: o plano secreto da intervenção definitiva do Senhor Deus na história a favor de seu povo, e que é revelado aos sábios e profetas.

Os discípulos de Jesus reconhecem a revelação e realização desse mistério na pessoa de Jesus, principalmente em sua morte-ressurreição. Para São Paulo, o mistério de Deus, a sabedoria divina ficaram patentes no Cristo crucificado: *Anunciamos Cristo crucificado, que para os judeus é escândalo, para os gentios é loucura, mas para aqueles que são chamados, tanto judeus como gregos, é Cristo, poder de Deus e sabedoria de Deus. (...) para vos anunciar o mistério de Deus, eu não quis saber outra coisa entre vós a não ser Jesus Cristo e Jesus Cristo crucificado. (...) Ensinamos a sabedoria de Deus, misteriosa e oculta, que Deus, antes dos séculos, de antemão destinou para a nossa glória. (...) A nós, Deus o revelou pelo Espírito...* (1Cor 1,17—2,16).

O termo "mistério" refere-se a uma determinada realidade humana, histórica; aponta para uma dimensão que vai além dela, uma realidade transcendente da qual é portadora, uma presença escondida de Deus atuando nela. Do ponto de vista cristão, o *mistério de Deus* refere-se a esta presença escondida, à maneira como Deus conduz a história, à salvação que operou na morte-ressurreição de Jesus, o Cristo, e que dá sentido ao sofrimento dos pequenos, às injustiças sofridas, ao amor e à solidariedade dedicados ao próximo. Anunciado por muito tempo pelos profetas, o mistério de Deus foi revelado na Páscoa de Jesus. Por isso, pode ser chamado de *mistério pascal*, ou mistério de Cristo, mistério de nossa fé. De fato, Cristo assumiu a natureza humana em toda a sua ambigüidade; tornou-se vítima do mistério da maldade, mas triunfou pelo amor que o manteve aberto à intervenção do Pai. Dessa forma, revelou-nos o mistério de Deus, o mistério de seu amor incondicional. E o Pai, em sua imensa ternura e compaixão, debruçou-se sobre o Filho morrendo na cruz, exaltou-o, glorificou-o, salvou-o da morte e o fez Senhor e Cristo. Feito Espírito vivificante, Cristo está presente, assume, permeia e transforma toda a realidade humana e cósmica.

O *mistério da Igreja* é o mesmo mistério de Cristo ressuscitado atuando hoje pelo ministério da Igreja: pelo anúncio (revelação) desse mistério a todos os povos; pelo aprofundamento do ensinamento dos Apóstolos; pela formação de comunidades, unindo pessoas, homens e mulheres, de todos os povos e culturas, de todas as camadas sociais, que vivem unidos a Cristo e entre si, como um só corpo nele, herdeiros da mesma herança, parceiros na mesma aliança; pela memória litúrgica e pelo testemunho em todas as circunstâncias da vida pessoal, comunitária, social (cf. At 2,42-47).

O *mistério da liturgia* é o mistério pascal de Jesus, em toda a sua densidade e extensão, atuando no rito litúrgico, na celebração memorial, principalmente na celebração eucarística. É o mistério da fé presente na e pela ação ritual que inclui:

1) a narrativa e interpretação dos fatos (liturgia da Palavra).

2) ações simbólicas relacionadas com esses fatos, num clima de gratidão e louvor a Deus (liturgia sacramental):

Nunca, depois disso, a Igreja deixou de reunir-se para celebrar o mistério pascal:

— *lendo "tudo quanto a ele se referia em todas as Escrituras"* (Lc 24,27);

— *celebrando a eucaristia, na qual "se tornam novamente presentes a vitória e o triunfo de sua morte" e, ao mesmo tempo, dando graças "a Deus pelo dom inefável"* (2Cor 9,15) *em Jesus Cristo, "para louvor de sua glória"* (Ef 1,12), *pela força do Espírito Santo* (SC 6).

À medida que redescobrirmos que a própria ação litúrgica é mistério, que é Deus operando misteriosamente no memorial da páscoa de Jesus, fica fácil entender que liturgia supõe *iniciação*. Não depende só da vontade humana. É o Espírito do Senhor que, pela participação na ação ritual, nos faz participantes do mistério pascal de Jesus Cristo. Por isso, nossa vida litúrgica começa pelos sacramentos da iniciação (batismo, confirmação, eucaristia), que nos inserem no mistério da Páscoa do Senhor.

3. PÁSCOA DE CRISTO NA PÁSCOA DA GENTE: O MISTÉRIO PASCAL REINTERPRETADO E CELEBRADO NA IGREJA LATINO-AMERICANA

Um canto esperançoso ressoa nas comunidades de base: *Nossa alegria é saber que um dia todo este povo se libertará; pois Jesus Cristo é o Senhor do mundo, nossa esperança realizará...* Em outros tempos, havia mais entusiasmo talvez, mas o canto continua sendo cantado e segue levantando o ânimo. Pura ilusão? Enganação barata? Ou fé, baseada em pequenas experiências vividas, quase sempre em meio a situações sofridas, desumanas, desesperadoras, humilhantes, sem saída?

Um processo pascal: relatos
• Centenas de mulheres, quebradeiras do coco de babaçu no Maranhão, se unem em cooperativas. O trabalho é organizado, o coco é processado pelas próprias quebradeiras e suas famílias, em vez de vendê-lo por uma ninharia a terceiros. Fabricam óleo, sabão e uma série de outros produtos para os quais conseguem um

bom preço, graças a contatos com organismos internacionais. Conseguem assim pôr fim a décadas de sofrimento, de exploração por parte dos donos das fazendas, de situações desumanas de trabalho, de falta de perspectivas de vida.

• Nos anos 70, numa cidade de porte médio no interior do estado de São Paulo, um grupo de cristãos ligados à pastoral descobre uma prisão de crianças e adolescentes que funciona num posto policial. Denunciam o fato, mobilizam a sociedade, conseguem que o juiz feche o posto policial e transfira a responsabilidade desses "menores infratores" (assim eram chamados na época) para o grupo, que inicia com eles uma escola experimental onde se realiza até hoje um trabalho pedagógico de total respeito às crianças e adolescentes. A Casa oferece um espaço de convivência e aprendizado, onde são estimulados a valorizar a vida, o belo, a cultura e a esperança..., nas situações difíceis de sua vida, envolvida em ambientes de tráfico de drogas e prostituição. O objetivo é deixar aflorar o que cada um tem de melhor como pessoa.

• Em São Paulo, em Belo Horizonte, em várias grandes cidades, alguém começa a se relacionar com as pessoas que, muitas delas morando na rua, procuram sua sobrevivência catando papel, papelão, latinhas de alumínio... Lentamente, da confiança conquistada, da dor e da alegria compartilhadas, vai-se construindo, passo a passo, um audacioso projeto: associações e cooperativas de papel e outros materiais recicláveis. O trabalho vai sendo organizado, os resultados vão aparecendo. Aos poucos, vai-se conseguindo uma moradia digna, creche e escola para os filhos, e sobretudo: a consciência do próprio valor e dignidade e uma atitude nova por parte da sociedade. A vida renasce... Agora já realizam seu congresso nacional na capital, reunindo representantes das associações e cooperativas espalhadas por todo o país.

Poderíamos alongar com páginas e mais páginas de relatos deste tipo: equipes de voluntários(as) passam uma parte de seu tempo livre em hospitais, distraindo e fazendo amizade com pacientes...; experiências de circo-escola, teatro-escola etc., com crianças que, sem essas iniciativas passariam seus dias nas ruas; indígenas recuperam sua língua, seus ritos, sua vontade de viver; operários(as) assumem a fábrica falida onde até agora trabalhavam como empregados(as); a pastoral da criança vem salvando vidas com recursos simples, ao alcance de todos; jovens tomam iniciativas de promover esporte, dança, música, estudo em grupo, bibliotecas... nas favelas onde moram; movimentos de sem-terra e sem-teto vão à luta para conquistar seus direitos fundamentais; mulheres ameaçadas e maltratadas em casa ou no trabalho, encontram apoio em movimentos de mulheres; equipes da organização "Greenpeace", arriscam suas vidas, chamam a atenção para os graves problemas com a ecologia...

A Igreja latino-americana, na efervescência da renovação conciliar, aprendeu a viver e interpretar fatos como esses e toda a vida social e política do continente, como um processo pascal. Neles Deus está atuando, o Cristo está ativamente presente, o Espírito ilumina, impulsiona, conduz. Senão, de onde vem a força para sobreviver neste deserto da vida e resistir a tanto sofrimento e opressão? De onde vêm a alegria e o sentido de festa que permeiam o sofrimento? Os pobres dizem: "Só por Deus!" É convicção profunda de que, como cristãos, não podemos deixar de sentir e pressentir a presença pascal do Senhor nesses sinais, nesses acontecimentos: *Assim como Israel, o antigo Povo, sentia a presença salvífica de Deus quando da libertação do Egito, da passagem pelo Mar Vermelho e conquista da terra prometida, assim também nós, o novo Povo, não podemos deixar de sentir seu passo que salva quando se dá o verdadeiro desenvolvimento, que é, para todos e cada um, a passagem de condições menos humanas a* condições de vida mais humanas.[3] Notem o termo passagem: é a Páscoa do Senhor. Notem como esta Páscoa é vital, histórica: de condições de vida menos humanas (que correspondem a "morte", "escravidão"...) para condições de vida mais humanas (que correspondem a "vida", "libertação"...).[4]

A luta social e política por melhores condições de vida está baseada na fé, na ressurreição e na presença ativa e dinâmica de Cristo e de seu Espírito na realidade histórica: *"Deus está presente e vivo, por Jesus Cristo Libertador, no coração da América Latina".[5] Cristo hoje, sobretudo por sua atividade pascal, nos leva a participar do mistério de Deus. Por sua solidariedade conosco, nos torna capazes de vivificar pelo amor nossa atividade e transformar nosso trabalho e nossa história em gesto litúrgico, isto é, de sermos protagonistas com ele na construção da convivência e das dinâmicas humanas que refletem o mistério de Deus e constituem sua glória que vive* (PUE n. 213).

Quais são as conseqüências dessa maneira de ver para a liturgia? Liturgia é celebração, é festa-memória da Páscoa de Cristo. Entretanto, de um Cristo que se identifica com os pobres e se associa à sua caminhada de libertação. Por isso, a liturgia celebra a *Páscoa de Cristo na páscoa da gente, páscoa da gente na Páscoa de Cristo.[6]* É paixão-sofrimento e ressurreição.

Anunciamos a morte do Senhor que continua acontecendo na paixão e na morte dos pobres. Proclamamos a ressurreição do Senhor que se projeta na resistência e na organização dos pobres por melhores condições de vida, por participação e cidadania, por uma civilização do amor, por uma sociedade onde não haja mais miséria nem opressão, mas igualdade de condições para todos. Aguardamos a vinda escatológica do Reino que chega mais perto a cada conquista de vida mais digna para os pobres. Liturgia é ação de graças, súplica e compromisso. É momento profético onde discernimos a presença atuante do Senhor e as exigências de sua Aliança em nosso cotidiano e na construção da vida de um povo, na construção da cidade, do país, do mundo, da cidadania: *Na hora atual da América Latina, como em todos os tempos, a celebração litúrgica coroa e comporta um compromisso com a realidade humana, com o desenvolvimento e com a promoção* (MED 9,4). *(É necessário) ... Levar a uma experiência vital da união entre a fé, a liturgia e a vida cotidiana* (MED 9,7e).

---

[3] MED, *Introdução às conclusões.*
[4] No texto, segue uma longa lista dessas condições, tiradas da encíclica do papa Paulo VI *"Desenvolvimento dos povos".*
[5] PUE, *Mensagem dos Bispos aos povos latino-americanos.*
[6] Cf. CNBB, *Animação da vida litúrgica no Brasil,* São Paulo, Paulinas, 1989, item 300.

Convém notar que *compromisso* aqui é entendido de modo bem específico: no sentido de participação e atuação profética do cristão nas estruturas da sociedade, na qual se decide e se organiza a vida social, desde a vida do bairro até os organismos em nível regional, nacional ou internacional. Está relacionado com a missão da Igreja no mundo, com a transformação da sociedade, com a civilização do amor. Não é à toa que as liturgias que celebram o compromisso dos mártires são das mais vivas e mais características no continente latino-americano. Na fidelidade dos mártires até à morte, reconhecemos a atuação do Espírito do Senhor que os identificou com o Cristo em sua entrega pascal.

4. OUTROS ENFOQUES DO MISTÉRIO PASCAL NA CULTURA ATUAL

O termo "mistério", da forma como vimos, diz respeito, em última análise, a uma realidade que ultrapassa nosso conhecimento racional. Mas nem por isso está fora do alcance da experiência humana. Assim, o Concílio Vaticano II, em sua constituição sobre a Igreja no mundo de hoje, fala do *mistério do ser humano*, qualquer que seja, cristão ou não: *... tendo Cristo morrido por todos, e sendo uma só a vocação última do ser humano, isto é, divina, devemos admitir que o Espírito Santo oferece a todos a possibilidade de se associarem, de modo conhecido por Deus, a este mistério pascal (Gaudium et spes 22).*

Todos nós temos consciência também do mistério da iniquidade, o mistério do mal, que permeia nossa vida individual e social e que clama por uma intervenção libertadora do Senhor. Hoje, com a crescente sensibilidade ecológica, nos tornamos de novo mais atentos ao *mistério da criação*. A Páscoa de Cristo atua secretamente também no âmbito de todas as coisas criadas: a natureza, o cosmo, levando-os, juntamente com toda a humanidade, à sua plena realização e comunhão em Deus, *até que Deus seja tudo em todos,* na expressão de são Paulo (1Cor 15,28).[7]

Devemos reconhecer ainda *a presença do mistério nas outras religiões e tradições espirituais*. Esse reconhecimento é a base para o diálogo religioso e o trabalho conjunto em favor da paz. Hoje cresce por toda parte a consciência de algo que nos une, fundamentalmente, e que está nas raízes de nossas tradições tão variadas e, às vezes, aparentemente opostas. É a vida do espírito, ou "Espírito", o *Sopro,* o *Pneuma.* O espírito/Espírito está na base de praticamente todas as tradições religiosas e espirituais; diz respeito a uma realidade além do plano físico, psíquico, intelectual. Permite-nos um conhecimento imediato e nos liga com tudo e com todos, porque está presente em tudo.

---

[7] Vejam outros textos bíblicos nesse sentido: Ef 1,9-10; 4,9-10; Cl 1,15-20...

A busca, o reconhecimento e o cultivo do espírito, da espiritualidade, da mística renascem hoje na cultura ocidental secularizada, em grupos holísticos, na chamada *psicologia transpessoal,* assim como na busca da *sophia perennis,* a sabedoria perene (que estaria na base de todas as tradições espirituais). Alguns encontram uma "antropologia quaternal" baseada nos escritos de Filon de Alexandria. Outros buscam uma base científica na física quântica. Para todos está em jogo a unificação da pessoa humana, a comunhão universal entre todos os povos e culturas e inclusive com todos os seres existentes, com todo o cosmo. Cresce o intercâmbio espiritual entre as tradições: indígenas, africanas, judaicas, islâmicas, budistas, cristãs... Crescem as experiências de meditação e celebração em comum, buscando juntos sintonizar com o mesmo Espírito, presente em todos.

Para nós, cristãos, o Espírito é o Amor de Deus derramado em nossos corações. Está presente em todas as culturas e abrange o universo. Impulsiona-nos ao amor universal, à participação, à solidariedade, à comunhão, ao amor até dos inimigos.

Celebrar o mistério pascal significa, portanto, expressar, no memorial da Páscoa de Cristo, a presença escondida de Deus, a presença ativa e dinâmica do Espírito do Ressuscitado, o processo pascal que está acontecendo em todas essas realidades, a realidade escatológica presente na atualidade e buscando sua plena realização no futuro.

5. MISTÉRIO E MISTÉRIOS

O único mistério pascal de Jesus Cristo é celebrado de forma nuclear na *Celebração Eucarística.* No entanto, todas as celebrações litúrgicas são consideradas memória de Jesus, o Cristo, celebração do seu mistério pascal. Cada celebração enfoca um aspecto diferente do único mistério.

Pelo *batismo* somos sepultados com Cristo na morte ao pecado, para ressurgir com ele para uma vida nova. Pela c*onfirmação* somos ungidos com o Espírito Santo do Senhor, configurados ao Cristo-Messias, rei, profeta e sacerdote. Pela *reconciliação* reconhecemos nosso erro e somos perdoados e acolhidos pela misericórdia do Pai, manifestada na cruz e na ressurreição de Jesus. Na *unção dos enfermos* somos associados à paixão de Jesus, e encontramos força e alívio pelo poder de sua ressurreição que atua em nós. Por sua *vida matrimonial*, o casal participa da união que liga Jesus Cristo e sua Igreja, em todas as circunstâncias da vida, *na alegria e na tristeza, na saúde e na doença...,* fazendo juntos o seu caminho pascal. Pelo sacramento da ordem os *ministros ordenados* são identificados com o Cristo como cabeça de sua Igreja, chamada a anunciar, celebrar e viver o mistério pascal. Na *profissão religiosa*, há identificação com Cristo pela vivência radical da vida batismal, no seguimento de Jesus Cristo, sintetizado nos votos religiosos. Nas *exéquias*, entregamos ao Senhor o caminho pascal percorrido pelo(a) falecido(a), desde o seu batismo até a hora de sua morte. A *Celebração da Palavra de Deus* nos faz ouvir, a cada dia, a proposta do caminho pascal, a proposta da nova Aliança e nos leva a aderir a essa proposta, rumo à comunhão escatológica.

Também o *tempo litúrgico* é essencialmente celebração do Cristo em seu mistério pascal. Os *ofícios diários* da tarde e da manhã estão ligados ao nascer e pôr-do-sol, símbolo de Cristo que morre e ressuscita para uma vida nova. O *domingo* se destaca entre os outros dias da semana como dia do Senhor, dia da ressurreição, vitória sobre a morte. E o único mistério pascal se descobre e reluz nos vários "mistérios" do Senhor celebrados ao longo do *ano litúrgico*, como se fosse um diamante que resplende em várias cores e matizes.

De ano em ano, percorremos assim o caminho pascal: passando pela espera ardente do advento da definitiva vinda do Senhor, a divinização pela encarnação e manifestação do Filho de Deus em nossa humanidade celebrada no natal e na epifania; o deserto da quaresma; a paixão da cruz e a vitória da ressurreição; o fogo de pentecostes; a lenta e perseverante identificação com o Cristo Jesus ao longo do tempo comum. Até mesmo o *espaço litúrgico*, o lugar de nossas celebrações, expressa o mistério pascal que aí se celebra: o altar, a estante da Palavra, a cadeira do presidente da comunidade, o recinto onde fica a assembléia, o batistério, a capela do Santíssimo, as imagens, a decoração, a arte com que tudo isso é realizado.

6. MISTÉRIO E PRESENÇA

A teologia do mistério pascal vem ampliar nosso conceito de *presença de Cristo* na liturgia. Enquanto antes do Concílio Vaticano II estávamos acostumados a falar somente da presença real de Jesus Cristo na eucaristia, o documento conciliar *Sacrosanctum Concilium* abriu as perspectivas, apontando vários aspectos da presença real do Ressuscitado em sua Igreja, principalmente nas celebrações litúrgicas, para realizar a obra da salvação.

> • *Presente está no sacrifício da missa, tanto na pessoa do ministro, "pois aquele que agora oferece pelos ministérios dos sacerdotes é o mesmo que outrora se ofereceu na cruz", quanto e sobretudo sob as espécies eucarísticas.*
> • *Presente está pela sua força nos sacramentos, de tal forma que quando alguém batiza, é Cristo mesmo que batiza.*
> • *Presente está pela sua Palavra, pois é ele mesmo que fala quando se lêem as Sagradas Escrituras na Igreja.*
> • *Está presente finalmente quando a Igreja ora e salmodia, ele que prometeu: Onde dois ou três estiverem reunidos em meu nome, eu estarei no meio deles (Mt 18,20) (SC 7).*

O desafio é perceber que não se trata de uma presença estática, mas dinâmica. Nesse sentido, convém ampliar ainda mais a perspectiva do documento conciliar, lembrando que *O Senhor é o Espírito* (2Cor 3,17).

Presença de Cristo na liturgia supõe ao mesmo tempo presença ativa, dinâmica, transformadora do Espírito Santo. E ambos, o Cristo ressuscitado com o Espírito, nos fazem mergulhar sempre mais no mistério de Deus. E, assim, somos levados a viver em oração contínua e a sempre *trazer em nosso corpo a morte de Jesus para que também sua vida se manifeste em nossa carne mortal* (SC 12; cf. 2Cor 4,10-11). Aqui está a fonte da mística cristã.

7. O QUE CELEBRAMOS, DE FATO, EM NOSSAS COMUNIDADES?

Teoricamente, concordamos que, na liturgia, se celebra o mistério pascal de Jesus Cristo. Na prática litúrgica de nossas comunidades, no entanto, nem sempre é isso que acontece. Por quê? Porque para muitas pessoas a liturgia não deixa de ser um tipo de devoção, ou uma reza para pedir ou agradecer qualquer coisa a Deus. (Que Deus? Será que se trata do Pai de nosso Senhor Jesus Cristo? Ou de um "deus" que pouco tem a ver com ele?) Vejamos as listas de "intenções" que se "rezam" no início da celebração das missas dominicais. De que falam? Missa por alma de F., missa em ação de graças por uma graça alcançada, para pedir uma cura ou chuva, ou a graça de uma conversão, em honra a Maria Santíssima, ao Sagrado Coração de Jesus, a Santo Antônio... O batismo nem sempre é procurado por motivo de fé cristã. O sacramento da confirmação e o matrimônio muitas vezes não passam de um rito social. Nas exéquias nem sempre transparece nossa fé pascal na ressurreição.

Não se trata de condenar essa situação, muito menos de condenar as pessoas envolvidas nela. Trata-se, sim, de procurar saídas pastorais que ajudem a comunidade a fazer de suas celebrações verdadeiras liturgias cristãs e celebrar o mistério pascal de Jesus Cristo, relacionado com nossas páscoas pessoais e sociais.

Como fazer? Apontaremos apenas algumas pistas, sem nenhuma preocupação de completude. E o faremos em forma de perguntas, para motivar um trabalho de avaliação das práticas litúrgicas de nossas comunidades.

> • *Estamos, de fato, celebrando "a Páscoa de Cristo na Páscoa da gente", expressando na celebração a realidade da vida pessoal e social?*
> • *Após a saudação nos ritos iniciais, anunciamos o mistério celebrado naquele dia e naquele tempo litúrgico? Lembramos os acontecimentos importantes da vida local, regional, nacional, mundial? Ou a motivação da assembléia continua girando em torno de "intenções de missa", lidas no início da celebração?*
> • *Na homilia procuramos juntos discernir e perceber onde e como o Senhor está passando, realizando a Páscoa na atualidade e qual o compromisso que pede de cada uma das pessoas participantes?*
> • *Na oração universal (preces dos fiéis) elevamos ao Senhor o grito dos pobres, dos necessitados, dos que sofrem em sua carne a paixão do Senhor?*
> • *Principalmente em ocasiões especiais, mais festivas, temos a preocupação de expressar a realidade com símbolos na procissão das oferendas?*

- *Na liturgia eucarística expressamos e oferecemos as páscoas acontecidas entre nós e que motivam a ação de graças?*
- *Na liturgia das horas ou ofício divino, temos meditado os salmos e cânticos bíblicos a partir da realidade atual?*
- *Nas celebrações de batizado, casamento, exéquias... temos expressado a Páscoa acontecendo na vida dessas pessoas?*
- *Guardamos viva a memória de nossos mártires?*

Resumindo

Toda vez que, pela ação litúrgica, fazemos memória de Jesus, o Cristo, participamos de sua morte-ressurreição. O fato central de nossa fé, acontecido uma única vez, é atualizado na celebração do mistério pascal. Acontece para nós, em nós, hoje, aquilo que é celebrado.

Discernimos e expressamos os sinais pascais (paixão, morte e ressurreição) de nossa realidade pessoal e coletiva. Reconhecemos neles a presença amorosa, escondida, libertadora de Deus, seu "mistério" que foi revelado na Páscoa de Jesus e que se prolonga na história atual e futura. Incluídos na memória de sua Páscoa, tornam-se motivo de louvor e ação de graças, pedido de perdão, súplica e intercessão, compromisso e pura contemplação da face do Senhor. O Espírito toma conta de nós e transforma nossa mente, nosso coração, nossa atitude, levando-nos a um compromisso com a transformação pascal de toda realidade.

Em comunhão com Cristo e o Espírito Santo, as dificuldades da existência e até a própria morte são assumidas na perspectiva da vitória da vida; a injustiça é combatida ou suportada na perspectiva da justiça de Deus e de seu amor, revelados em Jesus Cristo; todo amor humano verdadeiro é visto como comunhão com o Deus Altíssimo. Trata-se de um processo pascal que inclui sofrimento e paixão e que deve durar até à realização final do Reino de Deus, até que Deus seja tudo em todos.

Para pensar, trocar idéias e experiências

1. Dê uma resposta sucinta, mas completa: o que celebramos na liturgia cristã? E, depois, explicite seu pensamento. É correto dizer: na liturgia celebramos a vida? Sim? Não? Por quê?

2. Você poderia contar algum episódio "pascal" que está acontecendo hoje, em sua vida pessoal? E na realidade social...? Como isso influi na sua relação com o Senhor durante as celebrações litúrgicas?

3. Como você poderia ajudar sua comunidade a tomar consciência do mistério pascal celebrado na liturgia?

Bibliografia complementar

a) Textos oficiais

Cic: *Os mistérios da vida de Cristo* (512-570); *Por que a liturgia?* (1066-1068).

Pue: *O mistério pascal: morte e vida* (194-197); *Comunhão e participação* (213).

b) Outros

Cantalamessa, R. O Mistério da Páscoa. Aparecida (São Paulo), Santuário, 2000.

Dalmais, I. H. A liturgia, celebração do mistério de salvação. In: Martimort, A. G. (org.). *A Igreja em oração, Introdução à liturgia*, v. 1, *Princípios de liturgia*. Petrópolis, Vozes. 1988. pp. 220-235.

López Martíns, J. O mistério pascal, centro da liturgia. In: *No Espírito e na verdade*, v. 1, *Introdução teológica à liturgia*. Petrópolis, Vozes. 1996. pp. 138-177.

Neunheuser, B. Memorial. In: *DILI.* pp. 723-736.

Pistoia, A. Compromisso. In: *DILI.* pp. 196-209.

Sorci, P. Mistério pascal. In: *DILI.* pp. 771-778.

Capítulo sexto

UM POVO QUE CELEBRA

Ione Buyst

A cada domingo — e também em outros momentos significativos — os seguidores de Jesus Cristo se reúnem para celebrar. Por que se reúnem? Por que não fica cada um em sua casa para fazer memória de Jesus? Reunir-se é o primeiro requisito para se poder fazer a liturgia, porque celebrar é um ato comunitário, eclesial. Levando em conta que a "lit-urgia" é uma ação, convém perguntar: quem é o sujeito, o agente, o "ator" da celebração? Quem celebra quando os cristãos se reúnem? Quem faz a liturgia? Quem faz o quê, para quem?

O agente visível da liturgia é o povo de Deus reunido em assembléia num determinado tempo e lugar. No entanto, por trás desse agente visível, trabalha o agente invisível: Deus, a Santíssima Trindade, o Pai, o Filho e o Espírito Santo. Deus e o seu povo atuam em conjunto e um para o outro.

As palavras-chave que iremos trabalhar neste capítulo são: *povo sacerdotal e profético, sacerdócio batismal* (ou *sacerdócio comum*), *sacerdócio ministerial; assembléia, ministérios, equipe de liturgia; ação conjunta ("sinergia"); participação (comunhão, solidariedade, "koinonia"); comunhão dos santos.*

1. LITURGIA É AÇÃO DA IGREJA, POVO DE DEUS

O Concílio Vaticano II deu uma virada eclesiológica na liturgia; introduziu uma mudança radical na maneira de entendermos o sujeito, ou agente, ou os "atores" da liturgia. Quem celebra não é o clero. Quem celebra é todo o povo santo de Deus reunido em assembléia; é toda a comunidade unida ao Pai, pelo Filho, no Espírito Santo. Os presbíteros não celebram "para" o povo, mas juntamente com ele, fazendo parte dele e estando a seu serviço. Outros ministérios litúrgicos, exercidos por leigos e leigas, também estão a serviço da assembléia celebrante, em comunhão com os ministros ordenados.

As ações litúrgicas não são ações privadas, mas celebrações da Igreja, que é o "sacramento da unidade", isto é, o povo santo, unido e ordenado sob a direção dos bispos. Por isso, essas celebrações pertencem a todo o corpo da Igreja, e o manifestam e afetam; mas atingem a cada um dos membros de modo diferente, conforme a diversidade de ordens, ofícios e da participação atual (SC 26).

Também os ajudantes, leitores, comentadores e componentes da "Schola Cantorum" [grupo dos cantores e cantoras] desempenham um verdadeiro ministério litúrgico (SC 29).

Liturgia é ação da Igreja. Contudo, sabemos que há muitos "modelos" de Igreja, muitas maneiras diferentes de entendê-la e vivê-la. O modelo escolhido influencia na maneira de fazer a liturgia. A uma Igreja clerical corresponde uma liturgia clerical; a uma Igreja comunitária corresponde uma liturgia comunitária. O Concílio Vaticano II redefiniu a Igreja como mistério (sacramento), como povo de Deus, como povo sacerdotal, profético, régio. Vejamos o que isso significa e quais as conseqüências para o nosso tema.

1.1. A Igreja como mistério (sacramento)

Como mistério, a Igreja é considerada uma realidade espiritual, e não apenas uma instituição ou realidade sociológica. Nasce do lado aberto de Cristo na cruz (SC 5) e do Sopro do Espírito. É de tal modo unida a Cristo que é chamada de "Corpo de Cristo". Não se pode mais pensar em Igreja, sem vê-la unida a Cristo como um corpo está unido à cabeça; não se pode mais pensar em Cristo sem incluir a Igreja; fala-se do "Cristo Total", cabeça e membros. Onde está a cabeça, aí estará também o corpo e vice-versa.

Outras imagens bíblicas expressam a mesma realidade: a Igreja é, no Espírito, um templo espiritual, do qual Cristo é a pedra angular (1Pd 2,4-5); é esposa do Cristo-Esposo (Ap 19,7-9; 21,2). A comunhão entre os irmãos, à qual são chamadas as comunidades eclesiais, nasce desta realidade fundamental da comunhão no Corpo de Cristo, pelo Espírito, que é corroborada a cada comunhão eucarística. É a "comunhão dos santos" que professamos no *Creio.* Dizem das comunidades primitivas que os fiéis eram *um só coração e uma só alma* (At 4,42). Outras testemunhas diziam: *Vejam como se amam!*[1] O termo bíblico para esta comunhão é *koinonia;* vai desde nossa comunhão com Deus até o colocar em comum dos bens (terras, casas, dinheiro... cf. At 2,44-45 e 4,34-37).

1.2. A Igreja como povo de Deus, sacerdotal, profético e régio

Na concepção do Concílio Vaticano II, a Igreja é o povo de Deus, convocado e reunido por Jesus Cristo, no Espírito Santo. Compreende

---

[1] Tertuliano, *Apologeticum* 39,8-10.

todos os batizados e batizadas; e assim impõe-se a necessidade de levar em conta a igualdade entre homens e mulheres, baseada no batismo. Como membros do povo sacerdotal, profético e régio, os leigos e leigas voltam a ser chamados a assumir sua "cidadania" eclesial e sua missão como Igreja no mundo, na sociedade, a serviço do Reino; deixam de ser considerados simples "assistidos" do clero. A Igreja volta a ser toda ela ministerial. É reconhecido de novo o sacerdócio batismal do povo de Deus como participação no único sacerdócio, o de Jesus Cristo; este sacerdócio batismal é a base da participação de todo o povo de Deus na liturgia; o sacerdócio do clero, sacerdócio ministerial, brota da mesma e única fonte — o sacerdócio de Cristo — e está a serviço do sacerdócio do povo.

Assim como participa do sacerdócio de Jesus Cristo, todo o povo batizado participa igualmente de sua missão profética e régia, dando continuidade a essa missão em nossa realidade atual. Somos um povo de sacerdotes, profetas e reis, chamados a viver e expressar a fé na diversidade de culturas às quais pertencemos.

Como povo sacerdotal, somos chamados a viver conscientemente e a expressar publicamente, na liturgia, os laços de intimidade, de fidelidade, que nos unem com o Senhor, com o Deus da aliança; mas também os laços que, muitas vezes de forma inconsciente ou difusa, unem todos os seres humanos e até mesmo toda a realidade criada, com o sagrado, com o transcendente, com Deus. Quantos(as) não exercem seu trabalho, suas atividades profissionais, sua arte, sua vida cotidiana como um verdadeiro sacerdócio?

Como povo profético, somos chamados a ser "sentinelas", vigilantes, atentos à palavra do Senhor a respeito dos acontecimentos, a respeito do rumo que a história vai tomando. Somos chamados a discernir a presença do Senhor, os avanços ou recuos em relação ao Reino de Deus na realidade pessoal e social. E somos chamados a fazer ouvir esta palavra, anunciá-la, sussurrando em pequenos grupos, ou gritando por cima dos telhados.

Como povo de reis, somos chamados a assumir nossa responsabilidade na organização, na coordenação, no governo do mundo, rumo ao Reino de Deus; desde nossa própria casa, passando por nossas comunidades, associações, cooperativas, escolas, empresas, até na organização da cidade, do estado, da nação... ou em organismos internacionais, cada um de acordo com suas possibilidades.

É esta Igreja — povo de Deus, povo sacerdotal, profético e régio, Corpo de Cristo no Espírito Santo — que é chamada a celebrar a liturgia, a ser seu sujeito, "ator", agente; a ser "liturgo".

Deseja ardentemente a Mãe Igreja que todos os fiéis sejam levados àquela plena, cônscia e ativa participação das celebrações litúrgicas, que a própria natureza da liturgia exige e à qual, por força do batismo, o povo cristão, "geração escolhida, sacerdócio real, gente santa, povo de conquista" (1Pd 2,9; cf. 2,4-5), *tem direito e obrigação* (SC 14).[2]

1.3. Um povo "ordenado", organizado: dons e ministérios

Mas o povo de Deus não é massa amorfa ou diluída. Trata-se de um povo "ordenado", diz o texto do Concílio, organizado em comunidades, com suas lideranças, seus ministérios. Nem todos têm os mesmos dons, as mesmas funções. São Paulo nos ajuda a entender isso, usando a imagem de um corpo humano que tem muitos membros diferentes (pé, orelha...), mas que estão a serviço uns dos outros, sem que um seja mais digno ou mais importante que o outro: todos(as) formam o corpo. As palavras de ordem são: serviço (*diakonia*) e colaboração (*sinergia,* trabalho de equipe).

Entre os vários ministérios atuais destacam-se os ministérios ordenados (do bispo, do presbítero e do diácono). Por que são "ordenados"? Qual o sentido profundo do sacramento da ordem? É que a Igreja não existe por iniciativa própria, mas porque Cristo enviou os apóstolos, assim como ele próprio foi enviado pelo Pai (cf. Jo 20,21). O ministro ordenado[3] é sinal permanente da relação da Igreja com Cristo e com o Espírito. Trata-se de uma relação *fontal*: assim como um rio nasce e depende de sua fonte, assim a Igreja nasce e depende de Cristo e do Espírito. O ministro ordenado é sinal dessa relação; representa sacramentalmente o Cristo como cabeça e servidor de seu Corpo, que é toda a Igreja; é também o ministro da epíclese, da invocação para que o Espírito Santo venha e atue. É por isso que lhe é confiada a presidência das celebrações litúrgicas. E quem pode ser ministro ordenado? Não basta que a própria pessoa se disponha a isso; nem é a Igreja que escolhe os candidatos como bem entende. A ordenação depende antes de tudo de um dom recebido do Espírito Santo; a comunidade deve reconhecer esse dom e chamar a pessoa; por fim, o rito da imposição das mãos confirma e completa sacramentalmente essa realidade.

---

[2] Recomendamos ler por inteiro o trecho da primeira carta de Pedro que é citada no texto do Concílio: *Dedicai-vos a um sacerdócio santo, a fim de oferecerdes sacrifícios espirituais aceitáveis a Deus, por Jesus Cristo. (...) Vós sois uma raça eleita, um sacerdócio real, uma nação santa, o povo de sua particular propriedade, a fim de que proclameis as excelências daquele que vos chamou das trevas para a sua luz maravilhosa, vós que outrora não éreis povo, mas agora sois o povo de Deus, que não tínheis alcançado misericórdia, mas agora alcançastes misericórdia* (1Pd 2,4-5.9-10). A seguir, comparem com: Ex 19,3-8; Dt 10,12-22; Ap 1,5-6.

[3] Por fidelidade à teologia do Concílio Vaticano II, é preferível não usar o termo "sacerdote" para designar o ministro ordenado. Afinal, 1) o exercício do ministério do presbítero depende do ministério do bispo; 2) é importante pôr em evidência a retomada do sacerdócio batismal de todo o povo; o termo "sacerdote" usado para o presbítero (padre) reforça a teologia anterior e ofusca a missão sacerdotal de todo o povo.

Com isso, já dá para perceber que na liturgia nem tudo pode ser realizado por todos ou por qualquer um(a) indistintamente. Nem todos terão as mesmas tarefas. Algumas ações pertencem aos ministros ordenados; outras a ministros não-ordenados; outras pertencem a toda a assembléia: *Nas celebrações litúrgicas, seja quem for, ministro ou fiel, ao desempenhar a sua função, faça tudo e só aquilo que pela natureza da coisa ou pelas normas litúrgicas lhe compete* (SC 28). Ou seja, a presidência da celebração não deve coordenar os cantos nem fazer leitura; um leitor ou leitora não deve querer substituir o acólito; ao leigo não compete assumir as funções próprias do ministério ordenado.

Entre os ministérios litúrgicos que não requerem a ordenação, mencionamos: leitores(as); salmistas; cantores(as), instrumentistas, dirigentes do canto; acólitos(as) e outros ajudantes (como turiferários, por exemplo, que cuidam do incenso); equipes de acolhimento; presidentes de uma liturgia das horas (ofício divino); presidentes de uma celebração dominical da Palavra; padrinho e madrinha do batismo e da crisma (confirmação); testemunhas do matrimônio...

Algumas funções litúrgicas historicamente consideradas próprias e típicas do ministério ordenado são às vezes confiadas a leigos(as) (ou religiosos(as) de forma extraordinária, a título de suplência: batizar, presidir exéquias, distribuir a sagrada comunhão — durante a celebração eucarística ou fora dela); testemunhar qualificadamente o sacramento do matrimônio, presidir a celebração dominical... Por enquanto, isso não aconteceu em relação a outras duas funções litúrgicas sentidas como prementes na prática pastoral em muitas regiões: a unção dos enfermos e a presidência de celebrações dominicais eucarísticas. Com isso, inúmeros cristãos não recebem o consolo do sacramento dos enfermos e inúmeros outros estão impossibilitados de cumprir o preceito dominical, com grave prejuízo espiritual. Quem sabe, futuramente, a Igreja poderá reorganizar de forma mais ousada os ministérios eclesiais e lhes confiar algumas dessas funções de forma definitiva;[4] ou reconhecer o dom das atuais lideranças das comunidades, homens ou mulheres, celibatárias ou casadas e impor-lhes as mãos, para que se tornem assim também ministros e ministras ordenados(as) e para que as comunidades não dependam mais, artificialmente, de um ministro vindo de fora para sua vida litúrgica.

Para que a assembléia litúrgica seja, de fato, expressão do ser profundo da Igreja, todos os ministérios deverão atuar em comunhão, em equipe, como membros de um corpo, em sintonia com a assembléia. Daí a importância das chamadas "equipes de liturgia" e "equipes de celebração"; essas equipes programam a vida litúrgica e preparam as celebrações de

---

[4] Cf. CNBB. *Missão e Ministérios dos Cristãos Leigos e Leigas* (doc. 62). São Paulo, Paulinas, 1999, item 89.

comum acordo, celebram em sintonia, avaliam juntos(as) para melhorar sua atuação, não somente em nível "técnico", mas também espiritual.

1.4. Quem é convocado por Deus?

É importante perguntar: que tipo de pessoas Deus convoca? Quem é chamado a fazer parte da Igreja, povo de Deus? Quem é chamado a celebrar a liturgia? Em princípio, todas as pessoas do mundo inteiro (crianças, jovens, adultos, pessoas idosas; pessoas sãs e doentes; ou pessoas de todas as condições sociais e de todas as culturas) que aceitam a boa nova de Jesus Cristo. Porém, precisamente essa boa nova privilegia os pobres. Assim, no pós-concílio, principalmente na América Latina, a Igreja (re)descobriu sua vocação de ser Igreja dos pobres, que lutam por condições de vida digna de seres humanos, filhos e filhas de Deus, gente ressuscitada em Jesus Cristo.

As comunidades eclesiais de base nasceram com grande vigor entre os pobres, como uma nova forma de ser Igreja, reatando com a experiência das comunidades cristãs primitivas, impulsionadas pelo Espírito de Deus, contando com a solidariedade e participação de muitas pessoas não tão pobres, mas que atenderam ao apelo evangélico. Essas comunidades deram e continuam dando muitos frutos para o Reino de Deus, inclusive até o martírio. Não se trata de uma Igreja fechada em si, preocupada com sua própria salvação, mas de uma Igreja a serviço do Reino no mundo, uma Igreja em missão, comprometida com a justiça, que dá testemunho da ressurreição recuperando vidas perdidas por sistemas sociopolítico-econômicos que deliberadamente oprimem, excluem ou negam os pobres. Uma Igreja que suscita esperança, que ajuda a encontrar "uma luz no fim do túnel" dos desesperados e desesperançados e abre caminho para uma sociedade sem exclusões.

> *A comunidade cristã de base é o primeiro e fundamental núcleo eclesial que deve, em seu próprio nível, responsabilizar-se pela riqueza e expansão da fé, como também pelo culto que é sua expressão. É ela, portanto, célula inicial de estruturação eclesial e foco de evangelização e atualmente fator primordial de promoção humana e desenvolvimento* (MED 15,11).

As assembléias litúrgicas da Igreja dos pobres têm a cara do povo faminto, doente, explorado, que seguia Jesus pelas estradas da Galiléia, e que, por ele, recuperou a vida e a esperança: *Ide contar a João o que estais ouvindo e vendo: os cegos recuperam a vista, os coxos andam, os leprosos são purificados e os surdos ouvem, os mortos ressuscitam e os pobres são evangelizados. E bem-aventurado quem não ficar escandalizado por causa de mim!* (Mt 11,4-6). É um povo que segue Jesus implorando, intercedendo, suplicando, por causa de suas necessidades; mas que também tem razões profundas para festejar, alegrar-se, cantar e dançar, agradecer, louvar, comprometer-se, envolver-se na missão profética, libertadora. No encontro dos irmãos e irmãs, a palavra de Deus é comentada por todos, com a ajuda do Espírito Santo; Deus é cantado e louvado a partir do chão da vida sofrida, com a linguagem moldada por séculos de fervor e devoção popular. É um povo que atrai cristãos de outras camadas sociais, que queiram viver sua fé de forma solidária e coerente.

1.5. A distância entre a teoria e a prática: um desafio

Sabemos por experiência que todas essas opções por determinado modelo de Igreja, ainda que definidas no Concílio e em Conferências Episcopais, não são tranqüilas. Nem sempre são aceitas e postas em prática. Outros modelos de Igreja, outras eclesiologias procuram se manter e impor e encontram sua expressão na liturgia. Continua forte a influência do modelo anterior ao Concílio, o da Igreja-instituição, baseado no poder sagrado do clero.

Todas as pessoas que vêm às celebrações têm consciência de serem Corpo de Cristo no Espírito Santo, povo sacerdotal, profético e régio? Os padres celebram de fato *com* o povo, presidentes de um povo celebrante? Ou continuam sendo celebrantes *para* um aglomerado de gente que vem "assistir" à liturgia do padre? Continua forte a resistência à participação das mulheres em condições de igualdade com os homens. O que falta para que as mulheres deixem sua condição de "segunda categoria"? E, convém perguntar: até que ponto a Igreja é, de fato, dos pobres? Custa deslanchar a inculturação da fé. Até que ponto estamos conseguindo superar o monopólio cultural que foi imposto há séculos? Os povos indígenas, os afrodescendentes, as comunidades caracterizadas por um catolicismo popular estão podendo e conseguindo criar uma liturgia com características culturais próprias? As leigas e os leigos evangelicamente engajados em sua profissão, em seu trabalho, em ONGs e outras organizações sociais estão encontrando seu espaço e expressão também na liturgia?

Momentos regulares de avaliação são importantes para cada igreja local tomar consciência do modelo de Igreja que está, de fato, seguindo e para reajustar sua maneira de ser, viver e celebrar de acordo com a proposta do evangelho de Jesus Cristo.

2. ASSEMBLÉIA LITÚRGICA, SACRAMENTO DA IGREJA

O povo de Deus vive espalhado pelo mundo, pela cidade, pela região. Como qualquer organização humana, necessita de reuniões para visibilizar e garantir sua existência. Como realidade divina, necessita reunir-se em assembléia litúrgica. O que entendemos por "assembléia litúrgica"?

2.1. Em continuidade com as grandes assembléias do passado

A assembléia litúrgica está em continuidade com as grandes assembléias constitutivas do povo judeu com Moisés no Sinai (Ex 19-14), com Josué em Siquém (Js 24), com Esdras e Neemias na reconstrução de Jerusalém após o exílio (Ne 8).

Está em continuidade com as assembléias da comunidade primitiva, reunida de "comum acordo", na "unanimidade" (At 1,14; 2,46; 4,24; 5,12...), todos reunidos num mesmo lugar (At 2,1), colocando tudo em comum (At 2,44-45; 4,34-36), todos reunidos para a fração do pão (At 20,7). O que os une não é a proximidade física ou a amizade ou a afinidade social, cultural, mas a fé no mesmo Deus, o amor do Pai, a inserção no Corpo de Cristo pelo Espírito Santo.

2.2. A assembléia litúrgica constitui a Igreja

A assembléia litúrgica não é uma reunião qualquer, ela é constitutiva da Igreja. Sem ela não há Igreja. Nenhuma outra reunião dos membros da Igreja se equivale a uma assembléia litúrgica. Por quê? A assembléia litúrgica é sacramento da Igreja; é seu "sinal" e "instrumento"; é realidade visível que remete à sua realidade invisível; é celebrando juntos que nos tornamos Igreja e temos condições de experienciar a realidade de "ser Igreja":

a. É nas assembléias litúrgicas que o povo se encontra com o seu Deus, convocado por ele para celebrar a Aliança, ao redor de Cristo Ressuscitado, novo templo, erguido em três dias (cf. Jo 2,18-22).

b. É nas assembléias litúrgicas que a Igreja é "formada" como Corpo de Cristo pelo Espírito Santo de Deus, ao fazer memória de Jesus, principalmente pela escuta de sua palavra e pela celebração da Ceia do Senhor (cf. SC 6). Somos feitos participantes da intercomunhão entre o Pai e o Filho e o Espírito Santo, de onde brota o amor fraterno entre irmãos e irmãs.

c. Cristo Ressuscitado está ativamente presente com seu Espírito na assembléia litúrgica: *onde dois ou três estiverem reunidos em meu nome, aí eu estarei no meio deles* (cf. SC 7; Mt 18,20).

d. A assembléia visível está associada à multidão dos anjos e santos, com Maria, com os apóstolos e profetas, e com todos os irmãos e irmãs que nos precederam e que estão dia e noite louvando o Senhor Deus e o Cordeiro na cidade santa, a Jerusalém celeste.

e. Cada assembléia litúrgica é "páscoa" e "pentecostes": é momento de transformação pascal e de derramamento do Espírito do Senhor. Cada assembléia litúrgica antecipa a reunião definitiva de todos os filhos e filhas de Deus dispersos, de todos os povos e culturas na casa do Pai, quando Deus será *"tudo em todos"* (1Cor 15,28).

f. Em cada assembléia litúrgica somos de novo enviados(as) pelo Senhor, para anunciar o Reino e promover a solidariedade e a verdadeira comunhão entre as pessoas e os povos, entre si e com Deus, partindo de nossa comunhão na vida do Deus uno e trino.

A comunhão que se há de construir entre os seres humanos abrange-lhes todo o ser desde as raízes do amor, e há de se manifestar em toda a sua vida, até na sua dimensão econômica, social e política. Produzida pelo Pai e o Filho e o Espírito Santo é a comunicação de sua própria comunhão trinitária. Esta é a comunhão que as multidões do continente procuram com ânsia, quando confiam na providência do Pai ou confessam a Cristo como Deus Salvador, quando buscam a graça do Espírito nos sacramentos da Igreja e até quando traçam sobre si o sinal da cruz: "Em nome do Pai e do Filho e do Espírito Santo" (PUE nn. 215-216. Quem puder, leia por inteiro os nn. 211-219, *Comunhão e participação*).

2.3. Elementos rituais que evidenciam o sentido da assembléia

Os traços teológicos esboçados acima perpassam todas as celebrações litúrgicas e estão expressos de forma mais evidente em *alguns elementos rituais* que queremos apontar aqui (sem preocupação de completude):

1) A organização da assembléia no espaço de celebração:

— O recinto da igreja, de preferência de tal forma (semicircular, por exemplo) que possibilite a intercomunicação de toda a assembléia e com lugares previstos para cada um dos ministérios.

— O altar, a estante da Palavra de Deus e a cadeira da presidência num lugar central, visível para todos, como símbolos da presença e presidência do Ressuscitado.

2) Textos evidenciando que a ação litúrgica pertence a todo o povo sacerdotal:

— Todos os genuínos textos litúrgicos são redigidos na terceira pessoa do plural, "nós": nós vos louvamos, nós vos adoramos, nós vos glorificamos...; nós vos pedimos, suplicamos, recordamos...; oferecemos...; nós, teu povo santo... Mesmo quando o ministro fala sozinho a Deus (nas orações presidenciais), é em nome da comunidade reunida que fala, dizendo "nós".

— Alguns cantos pertencem de modo especial a todo o povo e devem ser cantados por todos (ainda que dialogando com os cantores): Senhor, tende piedade; Glória; refrão do salmo responsorial; aclamação ao Evangelho; a resposta das preces; Santo; aclamação anamnética (*Anunciamos, Senhor,...*) e outras aclamações na Oração Eucarística; o Amém final da Oração Eucarística; a resposta ao Cordeiro de Deus.

3) Textos evidenciando a atuação especial de ministros ordenados, representando o Cristo-Cabeça no Espírito Santo, dialogando com seu povo:

— A graça de nosso Senhor Jesus Cristo, o amor do Pai e a comunhão do Espírito Santo estejam convosco! (ou com vocês!) — O Senhor esteja convosco — A bênção de Deus... esteja convosco.

4) Textos e gestos simbólicos expressando a comunhão dos participantes da assembléia com o Senhor e entre si:

— Todos os gestos realizados em comum: sinal da cruz, os cantos ("cantemos a uma só voz", se diz no final do prefácio), as procissões, as inclinações, levantar, sentar, ajoelhar...

— Bendito seja Deus que nos reuniu no amor de Cristo, como resposta à saudação da presidência.

— O abraço da paz e, principalmente, a comunhão eucarística.

5) Gestos simbólicos evidenciando a dignidade do povo sacerdotal:

— Assembléia e ministros são aspergidos (lembrando o batismo) e incensados.

6) Gestos simbólicos expressando que somos um povo a caminho:

— Procissões dentro e fora do recinto da igreja.

> *Quando você ensinar, exortará o povo a ser fiel à assembléia da Igreja. Que não falte; pelo contrário, que seja fiel ao reunir-se em assembléia. Que ninguém diminua a Igreja por não comparecer, assim reduzindo, em um membro, o Corpo de Cristo (...) não privem o Salvador de seus membros, não rasguem o seu Corpo (Didascália, 13).*

3. AÇÃO CONJUNTA ENTRE OS PARCEIROS DA NOVA ALIANÇA: LITURGIA DE "MÃO DUPLA"

Dissemos que a liturgia é ação de toda a Igreja. Na verdade, não há como pensar a Igreja fora de Jesus Cristo e do Espírito Santo, que nos ligam com o Pai. Liturgia é ação de toda a Igreja, juntamente com o Pai, o Filho e o Espírito Santo. Ou, como os cristãos orientais costumam dizer: a ação litúrgica é uma *sinergia* (do grego: *syn + ergon, ergomai*), uma ação conjunta, uma (co)operação, um trabalho ou serviço realizado em conjunto, ou também uns para com os outros.

Nós nos reunimos em Igreja, sob a liderança dos ministros; mas é Deus quem envia os ministros e convoca o seu povo por meio deles. Estamos reunidos entre irmãos e irmãs; mas Cristo está no meio de nós, e juntamente com ele estão o Pai e o Espírito Santo. Proclamamos, ouvimos e interpretamos as leituras bíblicas; mas é Cristo que fala, é o Espírito que dá voz à Palavra, toca nossa mente e nosso coração e nos faz compreender a Palavra do Senhor. Oramos e cantamos, louvamos e agradecemos; mas, é Cristo e o Espírito que oram, cantam, louvam e agradecem em nós, e o Pai ouve, acolhe e atende nossa prece. Realizamos a ação memorial na liturgia eucarística, mas é "por Cristo, com Cristo e em Cristo" que oferecemos, e, a nosso insistente pedido (invocação, *epíclese*), o Pai envia o Espírito Santo que nos associa ao mistério pascal de Jesus e nos santifica, nos transforma. Batizamos ou somos batizados, crismamos ou somos crismados, celebramos a reconciliação...; mas é Cristo que batiza, crisma, reconcilia com o Pai..., na unidade do Espírito Santo.

Como fazer para que esta certeza nuclear de nossa fé transpareça também hoje, numa sociedade secularizada, racionalizada, informatizada? Ou, então, como suscitar o olhar de reconhecimento, de admiração para com o Deus verdadeiro num mundo lotado de "deuses" (o prazer, o dinheiro, a fama... os quais facilmente deixamos ocupar o lugar do Transcendente)? Como abrir os ouvidos para sua palavra que muitas vezes vem nas entrelinhas? Como despertar a relação e a comunhão com ele através dos sinais sensíveis com os quais expressamos nossa fé?

Na verdade, vós sois santo, ó Deus do universo (...) não cessais de reunir o vosso povo para que vos ofereça, em toda parte, do nascer ao pôr-do-sol, um sacrifício perfeito (Oração Eucarística n. 3).

3.1. Um destaque para a ação do Espírito Santo

Pouco se tem falado da ação do Espírito Santo na liturgia. Por isso, destaquemos alguns pontos daquilo que o *Catecismo da Igreja Católica* diz a respeito, com muitos pormenores, nos nn. 1091-1109:

1) O Espírito Santo *prepara* a Igreja para acolher o Cristo:

— Faz-nos (re)ler, a partir de Cristo, a herança que recebemos do povo judeu: a leitura do antigo testamento, a oração dos Salmos, a memória dos fatos de intervenção libertadora do Senhor a favor de seu povo (a promessa e a aliança, o êxodo e a Páscoa, o reino e o templo, o exílio e a volta). Nos faz reviver e compreender de maneira nova todos esses acontecimentos no "hoje" da liturgia, principalmente no desenrolar do ano litúrgico.

— Une os cristãos no único Corpo de Cristo, ultrapassando as afinidades humanas, raciais, culturais e sociais.

— Desperta a fé, a conversão do coração e a adesão à vontade do Pai.

2) O Espírito Santo *recorda* e *manifesta* o Cristo à fé da assembléia (desperta a memória da Igreja):

— Dá-nos a compreensão espiritual da Palavra de Deus e suscita uma resposta de fé, como consentimento e compromisso; cria a comunhão na fé entre os participantes da liturgia.

— Suscita a ação de graças e o louvor (doxologia) a partir da recordação (memória, *anámnese)* daquilo que Deus realizou a favor de seu povo, por Jesus Cristo, nosso Senhor.

3) O Espírito Santo *torna presente* e *atualiza* o mistério de Cristo:

— A pedido da Igreja feito ao Pai na *epíclese* (= invocação), o Espírito Santo realiza em nós o mistério de Cristo recordado na *anámnese.* (Por exemplo: faz com que a água do batismo se torne para nós morte ao pecado e ressurreição para a vida nova em Cristo; faz com que o pão e o vinho se tornem para nós o corpo e o sangue de Cristo).

— Apressa assim a vinda do Reino e a realização plena do mistério da salvação.

4) O Espírito Santo une a Igreja à vida e à missão de Cristo (realiza a comunhão):

— Põe a comunidade em comunhão com Cristo, para formar o seu Corpo. (É como a seiva da vida do Pai que produz os seus frutos nos ramos que estão ligados à videira, o Cristo, cf. João 15).

— Realiza inseparavelmente a comunhão com a Santíssima Trindade e a comunhão fraterna entre os irmãos e irmãs.

— Leva a pleno efeito a comunhão da assembléia com o mistério de Cristo: faz de nossa vida uma oferenda viva a Deus, *através da transformação espiritual à imagem de Cristo, da preocupação pela unidade da Igreja e da participação da sua missão pelo testemunho e pelo serviço da caridade* (n. 1109).

3.2. O lugar de Maria

Qual é o lugar que Maria ocupa na liturgia? Vejamos, por exemplo, a Oração Eucarística n. 2. Maria é mencionada em um dos "momentos" *(Lembrai-vos, ó Pai...)*, junto com outros membros da Igreja: *Enfim, nós vos pedimos, tende piedade de todos nós e dai-nos participar da vida eterna, com a Virgem Maria, mãe de Deus, com os santos apóstolos e todos os que neste mundo vos serviram, a fim de vos louvarmos e glorificarmos por Jesus Cristo, vosso Filho.* Está "do nosso lado", na linha ascendente, louvando e glorificando o Pai. É o mesmo lugar que ocupava depois da morte-ressurreição do Senhor, quando se reunia com os outros discípulos: *... voltaram a Jerusalém (...) subiram à sala superior onde costumavam ficar. Eram Pedro e João, Tiago e André, Filipe e Tomé, Bartolomeu e Mateus; Tiago, filho de Alfeu e Simão, o zelota; e Judas, filho de Tiago. Todos estes, unânimes, perseveravam na oração com algumas mulheres, entre as quais Maria, a mãe de Jesus, e com os irmãos dele* (At 1,12-14). Maria está na comunidade, na Igreja, junto com a assembléia. Em nenhum momento, a liturgia dirige-se a Maria invocando-a, como se fosse uma "deusa", uma salvadora ou redentora. O que se pode fazer é *venerar* e pedir que Deus Pai leve em conta os méritos e as preces de Maria (e dos Apóstolos e de todos os santos), como se faz, por exemplo, na Oração Eucarística n. 1.

Acostumado(a) com a reza do terço e outras expressões da piedade popular, alguém talvez queira rezar a *Ave Maria* depois do *Pai Nosso* na missa ou no batismo... ou queira "consagrar" a criança a Maria no final da celebração do batismo. Não encontramos respaldo para isso na tradição litúrgica. A "Ave Maria" é uma oração devocional muito louvável e significativa, mas que não pode ser equiparada ao "Pai Nosso". Caberia talvez no final da celebração, após a bênção, como é o caso das antífonas marianas no final das completas (ofício divino à noite). Quanto à consagração no batismo: é a Deus que a criança é consagrada no batismo, e não a Maria.

4. A PARTICIPAÇÃO DA ASSEMBLÉIA

Chegando ao final deste capítulo, falemos da palavra mais repetida na SC: participar, participação... (Vejam os nn. 11, 14, 18, 19, 21, 27, 30, 41, 48, 50, 53, 55, 79, 100, 114, 118, 121, 124...: toda a renovação conciliar gira em torno da participação de todo o povo de Deus na sagrada Liturgia.) Nesta palavra se condensa de certo modo tudo o que foi falado neste capítulo e no anterior; assim, agora já estamos em condições de captar o seu sentido profundo.

4.1. Participar do mistério, participando da ação ritual

"Participar" é "ter parte". Ter parte de quê? Da ação litúrgica, da vida litúrgica, da ação sagrada. No entanto, se a ação litúrgica não é apenas uma exterioridade, mas expressão do mistério de Deus, do mistério de Cristo, então participar da ação litúrgica significa ter parte no mistério que está sendo celebrado. É uma ação não apenas técnica, ou psicológica, mas teologal. É sinônimo de comunhão (*koinonia*), comunhão com Cristo, e através dele e de seu Espírito, com o Pai e entre nós. Vejamos isso com dois textos de são Paulo, um sobre o batismo e outro sobre a eucaristia.

Nos dois casos se trata de uma ação realizada com gestos corporais; no caso do batismo: banhar, entrar e sair na água, mergulhar e ser retirado; no caso da eucaristia: bendizer (dar graças), partir, comer e beber. No entanto, através dessas ações rituais temos parte no mistério da morte-ressurreição do Senhor: mergulhar na água batismal é ser sepultado(a) com ele na morte para ressuscitar com ele para uma vida nova; beber do cálice de bênção, partir o pão eucarístico e comer dele é entrar em comunhão com o Senhor, tornar-se parte de seu corpo: *Pelo batismo nós fomos sepultados com ele na morte, para que, como Cristo foi ressuscitado dentre os mortos pela glória do Pai, assim também nós vivamos vida nova* (Rm 6,4). *O cálice de bênção que abençoamos não é comunhão com o sangue de Cristo? O pão que partimos não é comunhão com o corpo de Cristo? Já que há um único pão, nós, embora muitos, somos um só corpo, visto que todos participamos deste único pão* (1Cor 10,16-17).

4.2. Várias "qualidades" da participação

A constituição conciliar usa vários adjetivos quando fala da participação do povo na liturgia: ativa, externa, interna, consciente, piedosa, fácil, plena, frutuosa... Comentemos brevemente cada um deles.

Ativa: É o oposto de "passiva"; sugere ação, e não apenas o fato de ser objeto da ação realizada pelos ministros. Tomemos como exemplo o ato de comungar. Não se trata simplesmente de receber o pão e o vinho consagrados. Participar ativamente significa: querer encontrar-se com o Senhor, responder a seu convite e, por isso, tomar a iniciativa de ir até a mesa, estender a mão, responder "Amém" quando o ministro diz: "Corpo e Sangue de Cristo", colocar o pão na boca, comer (mastigar, saborear, engolir...). Da mesma forma, todo o povo cristão é chamado a participar de todas as ações litúrgicas, ativamente: entrar em procissão, responder à saudação, cantar, aclamar, assumir as atitudes do corpo (sentar-se, ficar de pé, ajoelhar, levantar as mãos), acompanhar as orações presidenciais, ouvir as leituras, a homilia e possíveis convites, professar a fé, fazer preces, levar oferendas ao altar...

Olhemos mais de perto um outro exemplo: a memória da oferta (sacrifício, oblação) de Jesus na oração eucarística. Não pode ficar reduzida a um momento de espera passiva até que o padre tenha realizado a ação sagrada. Precisamos participar ativamente. Vejam como o expressa a Constituição Conciliar: *... a Igreja tome diligentes medidas para que os fiéis não assistam a este mistério da fé como estranhos ou espectadores mudos. Mas cuida para que bem compenetrados pela celebração e pelas orações participem consciente, piedosa e ativamente da ação sagrada (...) e aprendam a oferecer-se a si próprios oferecendo a hóstia imaculada [o próprio Cristo em sua entrega ao Pai], não só pelas mãos do ministro, mas também juntamente com ele e assim diariamente sejam consumados, tendo a Cristo como mediador* (SC 48). Portanto, é preciso que cada um(a) de nós se ofereça a si mesmo(a), unindo esta oferta à oferta do próprio Cristo nas mãos do Pai. Reparem no detalhe: não só pelas mãos do padre, mas juntamente com ele. O padre fala e age, mas nós devemos estar participando ativamente, acompanhando com nossa mente e nosso coração.

Ressaltemos que há também um aspecto "passivo" em nossa participação na liturgia, à medida que deixamos Deus (o Pai, o Filho, o Espírito Santo) agir em nós.

Externa e interna: Os exemplos anteriores já deixaram claro que a participação tem um aspecto externo e outro interno, de acordo com a maneira de ser dos humanos. O gesto, a palavra, o canto, a música, o movimento... têm uma repercussão em nossa interioridade. E em que consiste essa interioridade? Como podemos ter acesso a ela? Em primeiro lugar, penso que podemos entender que se trata aqui de nossa "alma", nossa psique, com sua capacidade de conhecer racional e afetivamente e sua capacidade de querer (vontade, liberdade).

Mas a interioridade vai além. Trata-se de atingir o fundo de nosso ser, nosso "coração" (em sentido bíblico), nosso "espírito", por meio do qual estamos ligados com o ser e o espírito de Deus. Por exemplo, participar interiormente da comunhão eucarística significa deixar-se apanhar pelos laços do Espírito de Deus enquanto recebemos, comemos e bebemos o pão e o vinho; ele nos une com o Filho e, por ele, com o Pai e com toda a Igreja, com todas as pessoas do mundo inteiro e até mesmo com todos os seres do universo. Comungar significa *mergulhar* no mistério da unidade em Deus. E a partir daí deixar que o Senhor transforme nossa maneira de pensar e agir, purifique nosso coração, nos faça sempre mais parecidos(as) com Jesus, em sua entrega ao Pai e aos irmãos e irmãs.

A participação interior coloca algumas exigências para nossa maneira de celebrar. Antes de tudo, necessitamos de momentos de silêncio. Depois, é toda uma maneira "espiritual" de celebrar e participar, prestando atenção a cada coisa a partir de nosso ser mais profundo: andar, cantar, ler e ouvir, perceber a luz e a escuridão, sentir a água, o incenso, sentar-se, levantar-se, comer e beber, ungir e ser ungido(a).

Na cultura atual, saturada de racionalismos, verbalismos e exoterismos, sedenta de mística, uma atenção maior à participação interior na liturgia será certamente bem-vinda. Poderá inclusive dar uma grande contribuição indireta para a paz, pessoal e social.

Consciente: Que nossa mente acompanhe as palavras, os gestos, os cantos, cada uma das ações, compreendendo o que estamos fazendo. E aqui, novamente, trata-se de uma compreensão que vai além de nossa capacidade de raciocínio. Trata-se de um conhecimento espiritual, na fé, que nasce do anúncio e da meditação da Palavra de Deus, da tradição litúrgica, do discernimento da presença do Senhor nos sinais dos tempos.

Fácil: Nada deve atrapalhar ou dificultar a participação de toda a assembléia nas ações litúrgicas. Daí a necessidade de se adaptar e inculturar a liturgia (cf. SC 21 e 37ss.), realizar as celebrações na linguagem (verbal, conceitual, gestual, musical) do povo reunido. É preciso dar formação litúrgica não só para o clero e demais ministros, mas para todo o povo de Deus. É necessário ainda cuidar para que todos possam ouvir e ver cada ação realizada. E que as celebrações sejam realizadas com nobre simplicidade, sejam transparentes por sua brevidade e evitem as repetições inúteis (cf. SC 34).

Plena: Em primeiro lugar, a participação plena na missa supõe participação na sagrada comunhão. (Durante séculos, o povo ficou afastado da comunhão eucarística; comungava somente uma vez por ano, por ocasião da Páscoa. Vocês se lembram da expressão: "fazer a Páscoa"?) Certamente, podemos entender também a participação plena, no sentido de uma identificação crescente com o Cristo em sua paixão e ressurreição; ou como nos diz são Paulo: *Já não sou eu quem vive, mas é Cristo que vive em mim* (Ga 2,20).

Piedosa: Esta palavra não deve ser entendida em seu sentido comum de sentimento religioso, mas em seu sentido bíblico. Trata-se da atitude de Jesus, o justo, o servo do Senhor, o servo fiel, que ama o Senhor e que é eficiente na execução de suas ordens, de sua palavra. Não basta dizer *"Senhor, Senhor..."*; é preciso pôr em prática o que o Senhor mandar. Não basta ser um cristão "praticante", só no sentido de estar presente em todas as celebrações e rezar bastante. É necessário o compromisso com a causa do Reino.

Frutuosa: A participação na celebração dá frutos na vida, na missão, no dia-a-dia, no testemunho, no compromisso, na oração e comunhão contínuas com o Senhor, no amor aos irmãos e irmãs. É a liturgia-celebração se projetando e tendo continuidade na liturgia-vida.

Por fim, lembremos que o Concílio aponta os pastores como os responsáveis pela participação do povo; é um dos principais deveres dos pastores *promover a ativa participação interna e externa dos fiéis* pela palavra e pelo exemplo (cf. SC 19).

4.3. A subjetividade dos participantes da assembléia e a objetividade da liturgia

Liturgia é uma ação "objetiva", celebração do mistério de Jesus Cristo, renovação da nova e eterna Aliança, ação eclesial. Como entram aí a individualidade de cada participante, seus sentimentos, suas emoções, suas vivências?

Devemos ter bem claro o seguinte: na liturgia, não é nossa subjetividade que deve dominar ou ser o ponto de referência. Ao contrário, cada um de nós, com nosso jeito de ser, com nossa história pessoal, com nossas tristezas e alegrias... somos convidados a nos "confrontar" com Cristo, em seu mistério pascal, em sua relação com o Pai, no Espírito. Somos convidados a "subjetivar", a assumir, como nossas, as atitudes, os sentimentos, a maneira de pensar e agir de Cristo, expressa na liturgia. Aqui também vale a palavra do apóstolo: *Tende em vós o mesmo sentimento de Cristo Jesus* (Fl 2,5).

4.4. Alguns desafios pastorais

Confrontando os dados da tradição com nossa realidade pastoral, quais são os maiores desafios que se nos apresentam? Apontamos alguns:

Como fazer dos assistentes anônimos uma assembléia celebrante? Como sanar o individualismo na liturgia e passar do "eu" ao "nós"? Como acolher as categorias de pessoas abertas ou sutilmente excluídas? Como organizar assembléias litúrgicas com povos indígenas, afrodescendentes, moradores de rua... Como constituir assembléias litúrgicas nas grandes cidades, com pessoas que, em sua maioria, não participam regularmente de uma comunidade eclesial?

Como sanar o devocionalismo e o ritualismo e passar a celebrar, como Igreja, o mistério de nossa salvação, por Cristo, com Cristo e em Cristo, na unidade do Espírito Santo? Como abrir espaço para o crescimento da interioridade e da mística na liturgia?

Como sanar o clericalismo e fazer com que todo o povo reunido celebre a liturgia, ativa e conscientemente? O que fazer para que os ministros ordenados se considerem e atuem como parte da Igreja e não como seus "donos"? Como fazer com que celebrem *com* e não "para" a assembléia reunida? Como prover cada comunidade de ministros e ministras necessários para realizar plenamente sua vida litúrgica? Como formar as equipes de liturgia em cada comunidade e paróquia?

Resumindo

Entre as muitas reuniões da Igreja, as assembléias litúrgicas ocupam um lugar especial. São constitutivas da Igreja; são o seu sacramento: manifestam e realizam o ser profundo, o mistério da Igreja, como povo sacerdotal, profético e régio, povo santo convocado e consagrado por Deus, povo da nova e eterna Aliança, Corpo de Cristo, templo do Espírito Santo.

As assembléias são organizadas de tal forma que apareça a estrutura ministerial da Igreja; é toda a comunidade eclesial que celebra, mas há serviços diversificados. Os ministros ordenados, representando sacramentalmente o Cristo como cabeça da Igreja que é seu Corpo, exercem seu sacerdócio ministerial dentro e a serviço de todo o povo celebrante. O sacerdócio comum dos batizados e o sacerdócio ministerial têm a mesma e única fonte: o sacerdócio de Jesus Cristo.

Em cada celebração litúrgica ocorre uma troca profunda, uma oferta mútua, um serviço "de mão dupla" entre os parceiros da Aliança: Deus é glorificado e o povo é santificado, renovado na Páscoa de Cristo. Participando da ação ritual (de forma ativa, externa e interna, consciente, piedosa, plena, frutuosa), participamos (comungamos) do mistério de Cristo, do mistério de Deus, da vida trinitária; apressamos a realização do Reino de Deus; somos enviados como missionários e missionárias para promover a comunhão universal.

Para pensar, trocar idéias e experiências

1. Escreva um pequeno artigo ou uma carta em que explica para pessoas de sua comunidade ou para amigos: quem faz a liturgia (quem é seu "ator", seu agente, seu sujeito)?

2. Analise sua própria participação nas celebrações litúrgicas: é ativa, externa e interna, consciente, piedosa, plena, frutuosa? O que pode melhorar? Como fazer isso?

3. Faça um diagnóstico da participação do povo nas liturgias (celebração dominical, batizados, casamentos, exéquias, ofício divino...) de sua comunidade, paróquia ou diocese e também da organização das assembléias litúrgicas e da equipe de liturgia com seus vários ministérios.

Bibliografia complementar

ARGÁRATE, P. *A Igreja celebra Jesus Cristo. Introdução à celebração litúrgica*. pp. 57-71; *Liturgia, culto da Igreja*. São Paulo, Paulinas, 1997. pp. 204-206;

CIC. *O mistério pascal no tempo da Igreja* nn. 1076-1112; *Quem celebra?* nn. 1136-1144.

MALDONADO, L. & FERNÁNDEZ, P. Quem celebra. A assembléia litúrgica, sujeito integral da celebração. A liturgia no mistério da Igreja. In: BOROBIO, D. (org.). *A celebração na Igreja, v. 1, Liturgia e sacramentologia fundamental*. São Paulo, Loyola, 1990. pp. 163-175; 268-276.

LÓPEZ MARTÍN, J. A assembléia celebrante. In: *No Espírito e na Verdade, v. 1, Introdução teológica à liturgia*. Petrópolis. Vozes, 1996. pp. 202-223.

TRIACCA, A. M. Participação. In: *DILI*. pp. 886-904.

Capítulo sétimo

FAÇAM ISTO...
SACRAMENTALIDADE DA LITURGIA

Ione Buyst

Depois da morte de Jesus, o que restou? As mulheres encontraram a pedra removida, o túmulo vazio, os panos dobrados... Dois discípulos de Emaús reconheceram-no na fração do pão, depois de ele lhes ter interpretado as Escrituras durante a caminhada. Outros viram na praia pão e peixe grelhado e responderam ao convite: "Venham comer!" Ninguém ousou perguntar quem era ele, mas todos sabiam: é o Senhor. Na casa de Cornélio, Pedro lembrará: *Comemos e bebemos com ele após sua ressurreição* (At 10,41).

Túmulo vazio, encontros no jardim, na praia, ou em casa; discípulos reunidos, palavra, pão e vinho, peixe, marcas das chagas nos pés e nas mãos... Sinais! Pontos de encontro com o ressuscitado! É a partir desses sinais que a comunidade primitiva faz memória de Jesus, celebra o mistério pascal, organiza sua liturgia. Neste capítulo, vamos nos debruçar sobre esses sinais. Tentamos responder à pergunta: *como* o povo celebrante faz memória de Jesus Cristo? Como atende a seu pedido *Façam isto...*? *Fazer o quê* para fazer memória dele? Com que elementos rituais essenciais ou constitutivos?

1. SACRAMENTALIDADE — SÍMBOLOS DO MISTÉRIO

... o que nossas mãos apalparam do Verbo da vida (1Jo 1,1b).

Num primeiro momento, aprofundaremos a noção de sacramento e de sacramentalidade; em seguida, lembraremos a teoria simbólica, como uma tentativa para se compreender a liturgia no contexto cultural atual. Palavras-chave: *sinais sensíveis; corporeidade; sacramento, sacramental, sacramentalidade; eficácia; ação simbólico-sacramental.*

1.1. Tomou o pão e o vinho, deu graças, partiu e deu aos seus discípulos

Na última Ceia, Jesus fez dos ritos da ceia pascal judaica gestos proféticos que anunciavam e antecipavam sua morte. Assumiu os ritos da ceia pascal e deu-lhes novo significado. Pediu que fizéssemos "isto" sempre em sua memória. A que se refere "isto"? Se olharmos a tradição da Igreja, podemos dizer que devemos entender por "isto" os gestos centrais da ceia judaica: ação de graças sobre o pão e sobre o vinho, o partir do pão e o comer e beber juntos do pão e do vinho oferecidos. Estes gestos formam o eixo da liturgia eucarística.

Ao redor desse núcleo da eucaristia foram se estruturando outros gestos significativos, de alguma forma relacionados com os gestos de Jesus, como expressão comunitária da fé cristã: batismo, imposição das mãos, reconciliação, unção dos enfermos... Há sempre um gesto tirado da vida cotidiana e palavras que apontam para o significado cristão do gesto. Meios de comunicação entre humanos apontam para o mistério escondido, o sentido da vida que nos vem do Senhor... Cristo está presente, o Espírito age, participamos da vida nova. *Aquilo que era visível em nosso Salvador, passou para os seus mistérios.*[1]

1.2. Mistério, Sacramento

Todos os gestos e palavras e até mesmo pessoas, objetos, tempo e espaço na liturgia se referem a Jesus Cristo e são expressão de seu "mistério", mistério de Deus revelado principalmente na morte-ressurreição de Jesus e, por isso, chamado de *mistério pascal*. Quando a fé cristã foi-se enraizando na cultura romana, o termo "mistério" foi sendo traduzido por "sacramento". O sacramento geralmente se refere a um "sinal sensível" no qual *transparece* e atua uma *realidade invisível*, divina: o mistério de nossa fé.

> *Meus irmãos, estes mistérios recebem o nome de "sacramentos", porque a aparência não corresponde à sua realidade profunda. O que vemos? Um objeto material. Mas nossa mente reconhece nele uma graça espiritual. Você quer compreender o que é o corpo de Cristo? Escute o que o apóstolo diz aos fiéis: "Vocês são o Corpo de Cristo e cada um é membro deste corpo" (1Cor 12,27). Se vocês são o corpo de Cristo e seus membros, então, é o próprio símbolo de vocês que repousa sobre a mesa do Senhor. É o símbolo de vocês mesmos que recebem. Vocês respondem "Amém" àquilo que vocês são e esta resposta marca a adesão de vocês. Você ouve: "Corpo de Cristo" e você responde: "Amém". Seja um membro do Corpo de Cristo, para que seu "Amém" seja verdadeiro* (Santo Agostinho, 272).

Ao longo da história, várias teorias foram sendo elaboradas para explicar o sentido e a ação dos sacramentos na vida da Igreja; cada geração, como filha de seu tempo, influenciada pela cultura e as preocupações do momento, encontra maneiras diversificadas para falar dos sacramentos. Assim, muitos de nós fomos criados numa mentalidade "coisista" dos sacramentos, como instrumentos da graça: para ser salvo, era preciso "receber" os sacramentos (receber o batismo, a comunhão, a crisma, a confissão, a unção...), "administrados" pelos ministros. Nas décadas de

---

[1] Leão Magno, *Sermones,* 74,2; 54,398ª.

1950 e 60, a sensibilidade pelas relações pessoais nos fez ver a celebração dos sacramentos como *encontros* com Cristo Ressuscitado, na comunidade: é Cristo que batiza, preside a eucaristia, absolve nossos pecados, unge os doentes... na celebração comunitária em que o Espírito é invocado. É nessa época ainda que começamos a redescobrir a dimensão simbólica de toda a vida humana e, portanto, também das ações sacramentais: não são *coisas*, nem *momentos* estanques, mas expressão, *epifania, manifestação* de uma realidade permanente, que é nossa vida em Cristo. Pouco depois, principalmente na América Latina, nos tornamos mais sensíveis à realidade social e à missão dos cristãos na política; então, os sacramentos começam a ser vistos como sinais proféticos do Reino de Deus; apontam para a utopia, e implicam compromisso dos cristãos na transformação social e política do continente; no meio da luta, são momentos de festa, ensaios do mundo novo, antecipação da realidade futura do Reino de Deus.

No momento atual, de neoliberalismo e mundo globalizado, de corrupção e violência em todas as áreas da convivência humana, de preocupação com a sobrevivência do planeta, como podemos falar dos sacramentos de forma significativa? Alguns temas começam a despontar: as ações sacramentais como expressão simbólica do mistério de Cristo atuando na solidariedade entre pobres e pequenos, no resgate das culturas ancestrais (indígenas, africanas...), no resgate do rosto feminino de Deus pela emergência das mulheres, na redescoberta da dimensão cósmica e ecológica da salvação, na busca ecumênica pela paz e pela reconciliação. À medida que, ritualmente, de forma simbólica, representamos e vivenciamos um mundo novo na celebração (mundo de partilha, de inclusão, de reconciliação, de perdão, de cura, de paz), abrimos a possibilidade de realizá-lo depois na prática do dia-a-dia. Para podermos realizar qualquer obra, nós, humanos, precisamos primeiro representá-la em nossa imaginação, em nossa mente ou em gestos simbólicos

Em todos os casos, a realidade celebrada é sempre a mesma: o mistério de Cristo. Mudam a percepção e a maneira de explicar (até onde for possível) o mistério celebrado, relacionado com a realidade e a sensibilidade de cada época e de cada cultura.

> *O ser humano é um ser sacramental; no nível religioso, exprime suas relações com Deus num conjunto de sinais e símbolos; Deus, igualmente, utiliza-os quando se comunica com os humanos. Toda a criação é, de certa forma, sacramento de Deus, porque no-lo revela (PUE n. 920). A Igreja é, por sua vez, sacramento de Cristo para comunicar aos humanos a vida nova. Os sete sacramentos da Igreja concretizam e atualizam esta realidade sacramental para as diversas situações da vida (PUE 922).*

1.3. Sacramentos sem conta e densidade sacramental

Quantos são os sacramentos? Estamos acostumados a falar de sete sacramentos: batismo, confirmação (crisma), eucaristia, reconciliação, unção dos enfermos, ordenação (episcopal, presbiteral, diaconal), matrimônio (casamento). No entanto, a fixação solene e oficial desse número é relativamente recente (Concílio de Trento, 1547) e não é comum a todas as igrejas cristãs das quais algumas privilegiam a eucaristia e o batismo. Santo Agostinho falava de mais de 300 sacramentos.

O Concílio Vaticano II recuperou o sentido antigo do sacramento, equivalente a mistério. Abriu as perspectivas e fala de toda a Igreja como sacramento, sinal e instrumento da unidade de todo o gênero humano em Cristo. A Igreja é sacramento de Cristo, assim como Cristo é sacramento do Pai: *"Quem me vê, vê o Pai"* (Jo 14,9). Deste modo, tudo o que a Igreja é, seu testemunho, suas atividades e sua simples presença, é de alguma forma "sacramento", sinal sensível que aponta para o mistério de Deus, o mistério de todo ser humano e da humanidade como um todo revelado em Jesus Cristo. A Igreja é chamada a ser sinal transparente do Cristo Ressuscitado, vivo e atuante, até que ele venha, mais do que "continuadora" da missão de Jesus de Nazaré antes de sua ressurreição.

Principalmente na América Latina tomamos consciência de que os pobres são sacramento de Cristo, sacramento de Deus; nos rostos deles reconhecemos o rosto e a presença de Cristo.[2]

Impõe-se aqui uma distinção:

a. sacramentalidade em sentido amplo: Deus pode revelar seu mistério em muitos sinais: na criação, na cultura, em acontecimentos do dia-a-dia, nos pobres, na atuação da Igreja, em outras tradições religiosas...

b. sacramentalidade em sentido restrito: as ações litúrgicas realizadas pela comunidade reunida, como sinais privilegiados que expressam o mistério de Deus revelado em Jesus Cristo e que se tornam para nós, cristãos, sinais de referência para perceber, desvendar, discernir, ler os sinais sacramentais em sentido amplo.

Fixando-nos neste último sentido restrito, é preciso ressaltar que o Concílio Vaticano II colocou toda a liturgia — e não somente os sete sacramentos — na "economia sacramental da salvação" (vejam SC 2, 5 e 6). Ou seja, na liturgia como um todo, o Pai, o Filho e o Espírito Santo manifestam e fazem acontecer para nós hoje o mistério de Deus revelado em Jesus Cristo; pela participação na ação litúrgica acontece em nós e para nós, sacramentalmente, o mistério pascal de Jesus Cristo.

---

[2] Cf. LG 8; MED 7; PUE 31-39; vejam também Mt 25,31-46, em que Jesus se identifica com quem não tem acesso às necessidades básicas do ser humano: comida, água, moradia, pátria, roupa, cuidados com a saúde, liberdade; o empenho por sua libertação é um culto prestado a Deus, e a passagem de condições de vida menos humanas para condições de vida mais humanas é sinal da páscoa de Cristo que acontece entre nós (cf. MED, *Introdução*).

Na liturgia é significada e realizada, através de "sinais sensíveis", de maneira própria a cada um, a santificação do ser humano e a glorificação de Deus. Assim, toda a celebração litúrgica é uma ação sagrada por excelência, cuja eficácia nenhuma outra ação da Igreja iguala (cf. SC 7).

No entanto, a eucaristia é a expressão sacramental máxima de nossa fé. Talvez possamos falar, então, em *densidade* sacramental. O mistério está presente e atuante em todas as celebrações litúrgicas; mas é na celebração eucarística que encontramos a expressão sacramental mais densa do mistério pascal. Por isso, a eucaristia é o sacramento por excelência. Em seguida vem a celebração dos outros sacramentos e sacramentais, a celebração da Palavra de Deus, a liturgia das horas (ofício divino), as exéquias, as celebrações em ocasiões especiais...

Também no interior de cada celebração litúrgica podemos distinguir uma densidade sacramental diferenciada. Há ações sacramentais centrais; por exemplo, na eucaristia: a oração eucarística, a fração do pão e a comunhão; no batismo: a oração sobre a água e o banho na água (ou o derramamento da água), com as palavras que acompanham. No entanto, essas ações centrais vêm acompanhadas de outros elementos indispensáveis que fazem parte da celebração sacramental: a assembléia litúrgica com seus ministérios, a proclamação e interpretação da palavra, o tempo e o espaço litúrgicos... Num grau de menor densidade podemos considerar ainda a música, os gestos e atitudes do corpo (fazer o sinal da cruz, beijar o altar, queimar incenso, acender vela, aspergir com água, bater palmas, dançar, abraçar...), as vestes e os objetos litúrgicos, e a arte floral, que participam da sacramentalidade da liturgia como um todo.

A sacramentalidade do Ano Litúrgico:
- *O papa Leão Magno chama o Natal de sacramento da natividade do Senhor.*
- *O papa Paulo VI, no texto em que introduz as "Normas universais do ano litúrgico e o novo Calendário Romano", diz: "O ano litúrgico goza de força sacramental e especial oficácia para nutrir a vida cristã".*

1.4. Sacramentais

Quando se fala em "sacramentos e sacramentais", algumas pessoas estranham; o nome sacramentais é pouco conhecido. Até o século XII, eram considerados "sacramentais" quaisquer sinais sagrados, incluindo os sete sacramentos. Depois, os sacramentais foram entendidos como gestos criados pela Igreja, em continuidade com os sete sacramentos, para santificar as diversas circunstâncias da vida (cf. SC 60). Entre os sacramentais, podemos distinguir:

1) Bênçãos (de pessoas e coisas), bendizendo a Deus e invocando sua proteção. Há bênçãos com alcance duradouro, porque de certa forma separam e "consagram" pessoas, lugares e objetos para Deus; é o caso da dedicação de igrejas, altares, cálices...; consagração de virgens, profissão religiosa, bênção de abades e abadessas.

2) exorcismos (oração de libertação do mal, presente, entre outros, nos ritos do catecumenato).

2. OLHANDO MAIS DE PERTO A TEORIA SIMBÓLICA

Símbolos e ações simbólicas são sinais significativos que estabelecem uma comunicação, uma comunhão entre pessoas, para além da comunicação baseada em idéias ou sentimentos. O buquê de flores ou o presente que alguém entrega a um aniversariante, o bolo que se corta e que se come juntos, o brinde que se faz com a bebida... vêm carregados de um significado que vai além desses objetos. Expressam amizade, consideração, admiração, alegria. São eficazes: realizam aquilo que significam,[3] fortalecem as relações entre as pessoas envolvidas. Impossível nos relacionar, impossível expressar nossa realidade essencial, nossa realidade mais íntima, sem usar símbolos e gestos simbólicos.

No caso da liturgia, os símbolos e ações simbólicas se fazem com "sinais sensíveis" de nosso cotidiano, de nossa cultura, mas que vêm carregados de um significado relacionado com nossa fé. Sempre se referem àquilo que celebramos em todas as celebrações litúrgicas: o mistério de Jesus Cristo e nossa participação neste mistério. São eficazes: realizam aquilo que significam (cf. SC 7).

Assim, por exemplo, na eucaristia. Fazemos o que Jesus fez e mandou fazer: tomamos o pão e o vinho, damos graças, partimos o pão, comemos e bebemos. Tratam-se de gestos humanos, cotidianos, culturais. São "sinais sensíveis", coisas que podemos alcançar com nossos sentidos; coisas que podemos ver, ouvir, sentir, apalpar, cheirar...; coisas que passam por nossa corporeidade. No entanto, referem-se a outra realidade que não está ao alcance de nossa sensibilidade, nem mesmo de nossa racionalidade: o mistério da doação total de Jesus até a morte e sua glorificação por parte do Pai, expressas nas palavras que acompanham o gesto: *Isto é meu corpo que será entregue por vós..., este é o cálice do meu sangue... que será derramado... Eis o mistério da fé.*

Ao repetirmos ritualmente os gestos e as palavras de Jesus, o sentido a que se referem é ativado e atualizado. Somos identificados ao Cristo em seu rebaixamento e glorificação, em sua morte-ressurreição. Morremos e ressuscitamos com ele. Livremente entregamos nossa vida ao Pai juntamente com a vida de Jesus; o Pai nos glorifica juntamente com seu Filho. O mistério pascal acontece para nós, em nós, dando sentido a toda a nossa vida como cristãos(ãs).

---

[3] Os lingüistas falam de "linguagem performativa".

A ação simbólica expressa o sentido, manifesta a realidade mais profunda da experiência humana que se tornou patente na pessoa de Jesus, principalmente em sua morte na cruz. Então, o sinal litúrgico, a ação sacramental, não é um ato isolado do resto da vida, mas sua máxima expressão. O sacramento deixa de ser um "instrumento da graça" para se tornar um encontro, aqui e agora, com o Ressuscitado que, com seu Espírito transformador, renova toda a nossa vida. Deixa de ser um sinal "sagrado" separado do profano, para ser um sinal que manifesta a dimensão sagrada de toda a realidade criada.

Desde que Deus assumiu a natureza humana em Jesus, desde que Jesus se tornou Senhor por sua ressurreição e derramou o Espírito sobre todo o universo, não há mais como falar de sagrado e profano em separado, *... pois nele aprouve a Deus fazer habitar toda a Plenitude e reconciliar por ele e para ele todos os seres, os da terra e os dos céus...* (Col 1,19-20).

Do ponto de vista antropológico, a eucaristia é ação simbólica: sinal sensível que evoca e no qual transparece uma realidade não acessível aos sentidos. O pão e o vinho, o fato de comer e beber juntos carregam um significado além da materialidade de comida e bebida para o estômago: alimentam a esperança, o prazer e a alegria de viver e de conviver, expressam e ativam a partilha, a amizade, a solidariedade.

Do ponto de vista teológico, a eucaristia é uma ação sacramental: traz presente, atualiza o mistério de Jesus Cristo significado pela ação simbólica. O Espírito Santo assume e potencializa o gesto humano e o torna pleno da vida de Deus. Por isso, podemos dizer que a eucaristia é uma ação simbólico-sacramental, humano-divina. Podemos dizer o mesmo de todas as ações simbólicas na liturgia e da liturgia como um todo: é uma ação simbólico-sacramental. É eficaz como ação simbólica assumida por Cristo e pelo Espírito.

2.1. O corpo na liturgia

Quando falamos em "corpo", na liturgia, temos a tendência de pensá-lo como algo "material", separado do "espiritual". Sofremos ainda a influência do chamado dualismo filosófico entre matéria e espírito... Aos poucos teremos de (re)encontrar a percepção holística de nossa pessoa. "Holística" vem da palavra grega *holos,* todo. (Comparem com o inglês *"whole".*) Pensar o ser humano de forma holística significa percebê-lo como uma unidade biopsicossocial-espiritual, complexa e dinâmica, energia em movimento, em contínua interação com todos os elementos do cosmo e do mundo. Na verdade, nós não existimos como uma peça solta, independente. Estamos interligados com tudo aquilo que existe; fazemos parte de um todo maior que inclui desde partículas minúsculas da matéria até organismos sociais internacionais...

A liturgia só tem a ganhar com a holística. De fato, o gesto "corporal" é ao mesmo tempo uma realidade psíquica que envolve razão e afeto, e é também uma realidade espiritual. E não há qualquer ação espiritual ou psíquica que não envolva a corporeidade. Portanto, não há outro lugar ou outro meio para fazer experiência de Deus e nos encontrar com ele, a não ser em nossas experiências corporais. Levantar as mãos em ação de graças, cantar um salmo, comer o pão e beber o vinho da eucaristia... são ações que envolvem nossa pessoa como um todo e ativam as energias que nos ligam com todos, com tudo, com Deus. O Espírito do Ressuscitado assume, resgata, transfigura nossa realidade a partir de dentro. Transforma nossos corpos mortais e psíquicos em "corpos espirituais" (cf. 1Cor 15,35ss).

Isso traz consigo pelo menos três considerações:

a. É preciso levar a sério a força dos "sinais sensíveis" e resgatar a sensitividade: abrir nossos ouvidos para saborear os sons das palavras, da música; deixar que as cores, as formas, os movimentos venham encher os nossos olhos; mastigar o pão, sorver o vinho, degustar; sentir o óleo penetrar em nossa pele; aspirar o incenso; sentir a proximidade das outras pessoas, o abraço...

b. A importância de resgatarmos os elementos cósmicos na liturgia, como água, terra, ar, fogo... e celebrarmos em contato com a natureza.

c. A necessidade de vivenciarmos cada instante da celebração litúrgica, buscando a harmonia entre gesto corporal, sentido teológico e atitude interior. Como elemento pedagógico para chegar a isso, podemos usar a técnica do laboratório litúrgico.[4] De fato, para alcançar a verdadeira participação na liturgia não basta gesticular, movimentar o corpo, dançar.

2.2. Dançar a liturgia

Nossas liturgias costumam ser bastante estáticas; talvez até nos assuste simplesmente pensar na possibilidade de se dançar na liturgia. No entanto, nossa cultura atual é marcada pelo movimento, e muitas das tradições rituais de nossos antepassados incluem danças. Também vários textos bíblicos nos convidam à dança como louvor ao Senhor: *Os justos se alegram na presença de Deus, eles exultam e dançam de alegria* (Sl 68,4). *Louvem seu nome com danças, toquem para ele cítara e tambor...* (Sl 149,3). *Louvai-o com dança e tambor, louvai-o com cordas e flauta* (Sl 150,4).

Situando a dança entre os elementos rituais da liturgia cristã, devemos lembrar que não podemos tratá-la como um enfeite, um adendo, ou como um divertimento, uma "distração" alheia àquilo que se celebra. Como todos os outros elementos rituais, a dança deverá ser expressão do mistério que

---

[4] Cf. BARONTO, Luiz Eduardo. *Laboratório litúrgico, pela inteireza do ser na vivência ritual.* São Paulo, Salesiana, 2000.

celebramos. Daí o jogo de palavras que se costuma fazer: não se trata de dançar *na* liturgia, mas de dançar *a* liturgia: expressar e vivenciar o dinamismo do Espírito do Ressuscitado que nos faz entrar no movimento de Jesus. Por isso, não basta dançar, é preciso deixar o Espírito dançar em nós; deixar que harmonize o nosso ser e harmonize as relações com os outros dançantes, com o cosmo e com o Senhor, tornando-nos mais "Igreja-comunidade", experimentando o mundo novo iniciado com a ressurreição de Jesus. Formar um círculo, dar-se as mãos, fazer os mesmos movimentos, seguir o mesmo ritmo e a mesma direção, ocupar juntos o espaço... e ao mesmo tempo deixar que cada pessoa sinta a dança de uma maneira subjetiva, só sua: tudo isso ajuda a criar o corpo celebrante, o corpo comunitário que é o sujeito da liturgia.

Quem dança a liturgia? Não está excluída a possibilidade de uma ou várias pessoas exercerem o ministério da dança, atuando sozinhas ou em grupo em alguns momentos da celebração. No entanto, movimentos e passos simples podem ser realizados por toda a comunidade, evitando que a dança se torne uma exibição para uma platéia ver. Há alguns momentos da celebração que parecem se prestar mais a uma expressão dançada: a procissão de entrada, o rito penitencial, o glória, a entrada com a Bíblia na liturgia da Palavra, o final da homilia, a procissão das oferendas, o Santo...; os cânticos evangélicos na liturgia das horas (de Maria, Zacarias, Simeão) e outros cânticos bíblicos como o cântico de Miriam e Moisés (Ex 15), próprio da vigília pascal. Talvez possamos ir criando expressões próprias para cada tempo forte do ano litúrgico: advento, natal, quaresma, tempo pascal, pentecostes, sem nos esquecer de recuperar ou integrar tradições dos antepassados e da piedade popular.

2.3. A arte a serviço do Mistério

O símbolo ultrapassa o sentido comum, ou melhor, faz emergir o sentido profundo de nossas realidades mais simples e cotidianas, de nossa humanidade... Por isso, a liturgia como realidade simbólica pede para ser "artística", porque somente a arte é capaz de evocar o mistério: a arte do gesto evocativo, da postura densa de significado, da dança; a arte de dizer bem a palavra; a arte poética e musical a serviço da eucologia; a arte na construção, organização e ornamentação do espaço litúrgico; a arte nas vestes e nos objetos usados na liturgia.

2.4. Pão e vinho, frutos da terra e da cultura

Os sinais sensíveis da liturgia vêm da natureza ou da cultura. Por exemplo, pão e o vinho para a eucaristia: são *frutos da terra e do trabalho de homens e mulheres.* Simbolizam as energias do cosmo e a complexa realidade humana da agricultura, do comércio, da economia... Na ação litúrgica, tudo isso é assumido na história da salvação, associado ao gesto de doação total de Jesus na última Ceia, sintetizando toda a sua vida: *vão tornar-se para nós pão e vinho da salvação,* como se diz na preparação das oferendas na missa.

O mesmo se pode dizer de todos os outros sinais sensíveis na liturgia. Para que a comunidade celebrante possa reconhecer esses sinais sensíveis como símbolos de sua própria realidade, precisam fazer parte de sua cultura ou serem associados a ela por um processo de evangelização/inculturação. Trata-se de um diálogo: os sinais sensíveis que vêm da tradição cristã vão sendo expressos em linguagem simbólica local, e os símbolos da cultura local podem aos poucos ir-se relacionando com o mistério celebrado na liturgia cristã. Pão e vinho, comer e beber, banhar, ungir, impor as mãos, queimar incenso, acender vela, o canto e a dança... necessitam um "rosto" da cultura local (rural, urbana, indígena, afro, jovem...) para que sejam possíveis a expressão e identificação simbólicas, para que seja possível a participação no mistério expresso na liturgia.

Além de assumirem as realidades da natureza e da cultura na história da salvação, as ações simbólico-sacramentais apontam para uma realidade ainda não plenamente presente: o Reino de Deus. São sinais proféticos do mundo-que-há-de-vir; são sacramentos do Reino inaugurado por Cristo. Engajam o nosso compromisso para que a realidade significada tome corpo na história. A reunião das pessoas respeitando a sua diversidade, o abraço da paz, a partilha do pão e do vinho a todos os participantes sem distinção de raça, classe, sexo..., a palavra partilhada apontam para um mundo sem fome, sem desigualdade social, racial, sexual; uma sociedade na qual todos têm voz e vez; um mundo reconciliado, sem ódio, sem cobiça, sem violência... Portanto, a ação litúrgica não se fixa na realidade tal qual existe; abre uma janela para o futuro; aponta para a utopia, nos faz sonhar. A água do batismo chama a purificação e transformação ainda por vir. O pão e o vinho eucarísticos chamam a economia igualitária que estamos longe de estar praticando. O abraço da paz antecipa e apressa o momento da plena aceitação mútua em nossas famílias e comunidades e a paz mundial... Há uma distância a ser vencida entre o sinal e aquilo que o sinal representa. Se não fosse assim, nossas liturgias seriam enormes mentiras e não teríamos o direito de celebrar.

2.5. Várias "camadas" das ações simbólico-sacramentais

Assim, em cada ação simbólico-sacramental podemos detectar e vivenciar várias camadas:

a. Enraizamento cósmico e cultural (vida cotidiana, tradições religiosas): vento, fogo, ar, terra; banhar, comer e beber, passar óleo..., com seu sentido comum (funcional), simbólico e religioso.

b. Enraizamento bíblico: sinais precursores nas tradições religiosas do povo judeu, assumidos por Jesus e pela Igreja; gestos do próprio Jesus.

c. Atualidade litúrgica: expressão da ação transformadora de Cristo Ressuscitado que atua com o Espírito Santo no "hoje" da celebração litúrgica, possibilitando nossa participação em seu mistério.

d. Antecipação do Reino: sonho humano-divino: paraíso, nova Jerusalém; utopia.

2.6. "Dito e feito"

Os dois elementos básicos para a ação simbólico-sacramental são: palavra e gesto. Em última análise, essa dupla tem sua raiz na maneira como Deus se comunica, se deixa conhecer e estabelece comunhão conosco. A tradição bíblica deixa claro: Deus se revela *através de acontecimentos e de palavras intimamente conexas entre si.*[5] No relato da criação em Gênesis, Deus *disse:* "Faça-se a luz..." e a luz se *fez.* Nos Atos dos Apóstolos, Lucas diz: "Compus meu primeiro livro, ó Teófilo, a respeito de todas as coisas que Jesus *fez e ensinou".* De fato, no encontro de Jesus com as pessoas, quase sempre há uma palavra e um gesto (por exemplo: Mt 8,1-4; Mc 5,35-42; Lc 7,11-17).

A palavra acompanha as ações simbólico-sacramentais da liturgia de duas maneiras:

a. As celebrações geralmente constam de duas partes: uma liturgia da palavra e uma liturgia sacramental, que juntas formam um único ato de culto. Os textos bíblicos são escolhidos em função do mistério celebrado no rito sacramental; no rito sacramental realiza-se para nós aquilo que nos foi revelado na liturgia da palavra.

b. O núcleo da liturgia sacramental consta de uma ação simbólica e uma "fórmula" sacramental. Assim, por exemplo, no batismo: o ministro mergulha o batizando ou batizanda na água ou derrama água por cima de sua cabeça (ação simbólica), dizendo: *F., eu te batizo em nome do Pai, do Filho e do Espírito Santo. Amém* ("fórmula" sacramental). Gesto e palavra se complementam. A fórmula sacramental vem acompanhada de uma "oração consecratória", na qual a Igreja invoca a ação do Espírito Santo. É palavra da Igreja, cuja eficácia repousa na atuação de Cristo e do Espírito na comunidade celebrante.

> *Acrescente-se a palavra ao elemento (material)*
> *e faz-se o sacramento como palavra visível.*[6]

---

[5] Constituição dogmática *Dei Verbum* sobre a revelação divina, 2.

[6] S. Agostinho, em *Ev. Johannis* 80,3.

Gesto e palavra são de tal forma unidos que podemos dizer que a palavra é também "gesto" ou ação sacramental: faz acontecer aquilo que enuncia. E o gesto é também "palavra", porque proclama e revela pelo fato de realizar. Liturgia da palavra e liturgia sacramental se complementam para fazer memória de Jesus. Palavra e gesto de Deus e da Igreja se complementam para atualizar o mistério pascal de Cristo, de forma simbólico-sacramental.

Dois outros elementos são indispensáveis: a música e o silêncio. Por isso, depois de ter abordado a liturgia como ação simbólico-sacramental, nos concentraremos a seguir nos outros elementos rituais essenciais da liturgia cristã: Palavra de Deus, oração da Igreja (eucologia), música, silêncio. Devemos considerar ainda o tempo (quando celebramos) e o lugar (onde celebramos) da liturgia.

Resumindo

Os discípulos e discípulas de Jesus, dispersos(as) no meio da sociedade, vivendo sua missão, de tempos em tempos se reúnem em assembléia litúrgica, para fazer memória de Jesus. Só há um meio de fazê-lo: mediante sinais sensíveis, mediante ações simbólico-sacramentais que expressam e tornam atuante, no hoje da celebração, o mistério de nossa fé.

Nos sinais sensíveis, nas ações simbólico-sacramentais da liturgia "transparece", está presente e age o Cristo Ressuscitado que com seu Espírito nos atinge, nos transforma, nos faz entrar em comunhão com Deus, nos envia em missão. A sacramentalidade da liturgia, tendo como centro e ápice a liturgia eucarística, abrange todos os elementos celebrativos: a própria assembléia reunida, os ministérios, o espaço no qual se reúne, a Palavra proclamada e interpretada, as ações simbólico-sacramentais, a oração, os gestos e atitudes do corpo, a música, o silêncio, o tempo litúrgico.

Não se trata de uma sacramentalidade "fechada" no círculo litúrgico: nos faz reconhecer e recolher na páscoa de Cristo todos os sinais da presença e da comunhão com Deus em nossa vida diária, na vida das Igrejas cristãs, nas outras tradições religiosas, na história da humanidade, no cosmo. Também não se trata de uma sacramentalidade pronta e acabada: os sinais continuam sendo sinais que apontam para uma realidade ainda não plenamente presente: o Reino. O mistério está presente, mas não temos como abarcá-lo; Cristo está presente, mas ausente ao mesmo tempo, "até que ele volte"... Vem, Senhor Jesus!

> ## Para pensar, trocar idéias e experiências
>
> 1. Em que sentido podemos dizer que a liturgia é uma ação simbólico-sacramental? Qual é a importância disso para nossa vida?
>
> 2. O que você aprendeu neste texto para melhorar sua participação pessoal na liturgia? Como pretende colocar isso em prática?
>
> 3. O que poderia ser feito para que sua comunidade viva profundamente todas as celebrações litúrgicas como ações simbólico-sacramentais?

Bibliografia complementar

a) Textos oficiais

CIC n. 1067; nn. 1671-1684; nn. 1113-1134.

SC 6-7; nn. 47-48; nn. 59-61.

b) Outros

Boff, L. *Os sacramentos da vida e a vida dos sacramentos. Ensaio de teologia narrativa.* Petrópolis, Vozes, 1975.

Borobio, D. *Da celebração à teologia: que é um sacramento?* In: Borobio, D. (org.). *A celebração na Igreja,* v. 1, *Liturgia e sacramentologia fundamental.* São Paulo, Loyola, 1990. pp. 283-424.

Buyst, I. *Celebrar com símbolos.* São Paulo, Paulinas, 2001. Col. Celebrar.

Castillo, J. M. *Símbolos de libertad; teología de los sacramentos.* Salamanca, Ed. Sígueme, 1981.

Maldonado, L. *A ação litúrgica: sacramento e celebração.* São Paulo, Paulus, 1998.

Taborda, F. *Sacramentos, práxis e festa,* Petrópolis, Vozes, 1987. Col. Teologia e libertação.

Capítulo oitavo

A PALAVRA DE DEUS

Ouçam o que o Espírito diz às Igrejas (cf. Ap 2).

Ione Buyst

Nas celebrações litúrgicas nunca faltam, nem podem faltar, a leitura e interpretação da Sagrada Escritura. Por quê? O que se pretende com isso? O que é anunciado? De que maneira se faz a leitura e interpretação e quem a realiza? Ou, dito de outra maneira: como Deus fala na liturgia? O que tem a nos dizer? O que espera de nós? Que importância tem isso para nossa vida, para nossa realidade? Quais são as condições para que Deus possa falar? Qual a relação entre Bíblia e liturgia? É disso que vamos tratar agora.

Palavras-chave: *proclamação; interpretação (hermenêutica); recordação da vida; discernimento; revelação, realização, atualização, hoje; leitura orante, espiritual.*

1. AS SAGRADAS ESCRITURAS NAS LITURGIAS DAS PRIMEIRAS COMUNIDADES CRISTÃS

Os Atos dos Apóstolos nos contam que, depois da morte de Jesus, seus discípulos e discípulas continuaram freqüentando o templo e a sinagoga, como bons judeus que eram. E se reuniam também nas casas. No templo e na sinagoga ouviam, interpretavam, meditavam e cantavam os livros do chamado "Antigo Testamento". E nas casas? Penso que podemos apontar três coisas:

1) Contavam e recontavam o que Jesus havia dito e feito, tentando entender principalmente sua morte-ressurreição e viver de acordo com sua proposta do Reino, em profunda comunhão de vida com Deus, por meio de Jesus, no Espírito Santo.

2) Tentavam entender e expressar o que estava acontecendo com eles, por serem discípulos e discípulas de Jesus e por anunciarem sua ressurreição e sua mensagem do Reino de Deus.

3) Reinterpretavam todas as Sagradas Escrituras a partir de Jesus e de tudo o que havia acontecido com ele: Jesus era o Messias esperado, o Servo Sofredor anunciado pelos profetas, a própria revelação de Deus, sua

palavra feita realidade humana, feita gente no meio da gente, cumpridor de seu plano de salvação da humanidade.

Pedro, Paulo e João, estando em viagem, longe das comunidades por eles fundadas, enviam cartas que são lidas na assembléia litúrgica e até passadas para outras comunidades lerem. Mais tarde, quatro evangelistas anotam as tradições orais das palavras e ações de Jesus contadas e interpretadas nas comunidades, com a ajuda do Espírito Santo, a partir de suas próprias experiências depois da ressurreição de Jesus. Lucas organiza um relato dos acontecimentos da missão, principalmente de Pedro e Paulo e a vida das comunidades que vão surgindo por toda parte. Dessa prática das primeiras comunidades vai nascendo aos poucos aquilo que hoje chamamos de Novo Testamento: os Evangelhos, os Atos dos Apóstolos, as Cartas, o Apocalipse.

2. AS SAGRADAS ESCRITURAS EM NOSSA LITURGIA DA PALAVRA

O que fazemos nós, hoje, na liturgia da Palavra? A comunidade está reunida. Alguém vai à estante da Palavra e faz uma primeira leitura; em seguida, cantamos um salmo. Depois ouvimos outra leitura. Depois há uma aclamação, a proclamação de uma passagem do evangelho, uma homilia, preces dos fiéis... Talvez, por causa da rotina, por causa de um certo formalismo, não nos damos conta de que nossa liturgia da Palavra é a continuidade da prática das primeiras comunidades. Três ingredientes são indispensáveis: a) comunidade reunida (na fé, no Espírito Santo); b) proclamação e interpretação dos textos bíblicos; c) atenção à nossa realidade.

Olhemos mais de perto cada um desses três elementos.

2.1. A comunidade reunida

Não se trata de uma aglomeração qualquer. Supõe que as pessoas reunidas já tenham descoberto e aceitado Jesus Cristo como "Senhor" e que aderiram a ele, entrando na comunidade eclesial, vivendo de acordo com seu mistério pascal, dando testemunho dele. Trata-se, portanto, de uma comunidade de fé consciente de sua ligação com o Pai, pelo Filho, no Espírito Santo, comprometida com a missão na sociedade, no mundo. (O problema é que nem sempre isso acontece. Até que ponto as pessoas que freqüentam as celebrações litúrgicas foram devidamente iniciadas e continuam recebendo formação e acompanhamento?)

A comunidade está reunida em torno do Ressuscitado. É ele quem fala quando se lêem as Sagradas Escrituras. É o Espírito dele, derramado sobre nós, que recorda o sentido dos acontecimentos da salvação, nos dá a capacidade de compreender a mensagem de Jesus e nos coloca em comunhão com ele. Dessa forma, a fé é alimentada e cresce a união entre os membros da comunidade. (Vejam: Jo 14,15-17.25-26 e 15,26 a 16,15.)

Várias pessoas da comunidade assumem os serviços necessários para que a Palavra de Deus possa ressoar na assembléia dos irmãos e irmãs: há leitores ou leitoras, salmistas; alguém preside em nome de Jesus, coordena a partilha da palavra, faz a homilia.

A liturgia não é a única atividade da comunidade, embora seja a mais central. Ela expressa o sentido de todas as outras, realizadas individual ou comunitariamente, na comunidade eclesial ou na sociedade. Mas participar da liturgia sem participar ativamente da vida e missão da Igreja significa não compreender o evangelho de Jesus Cristo e a liturgia celebrada em sua memória.

2.2. Proclamação e interpretação das Sagradas Escrituras

Antes de tudo, o texto escrito da Bíblia é *proclamado*. É dado à luz. Recebe um "corpo", uma alma, uma voz, um rosto, um sentimento... Ressoa no espaço. Entra em nossos ouvidos, provoca pensamentos e emoções. Deixa-nos alegres, ou preocupados, ou nos questiona. Cria comunhão com quem fala e com quem recebe a mesma mensagem. Ouvidos e corações atentos acolhem a Palavra proclamada e deixam que crie raízes e dê frutos.

Mas não basta proclamar e ouvir os textos bíblicos; é preciso ainda que sejam interpretados.

O que é interpretar? É entrar no texto e procurar compreendê-lo. Só que, quando entramos no texto, entramos com todo o nosso ser, com toda a nossa bagagem cultural. Procuramos compreender o texto a partir de nossa realidade. Afinal, qual é o objetivo da interpretação de um texto bíblico? Procuramos no texto bíblico, que vem do passado, uma luz que nos faça enxergar e compreender nossa própria vida hoje, vista a partir de Deus. Dessa forma, Bíblia e vida se iluminam mutuamente. Os biblistas chamam isso de "círculo hermenêutico": Bíblia e vida dialogam entre si; interpretam e explicam-se mutuamente.

> *A "hermenêutica" indica a arte da interpretação e também o estudo sobre como fazer isso. A palavra vem do grego "hermeneuein, hermeneia". Na raiz dessa palavra encontramos o nome de uma divindade da mitologia grega, Hermes, cheio de asas para possibilitar rapidez de locomoção; uma de suas tarefas é levar as mensagens dos deuses aos seres humanos.*

Vejamos, a título de exemplo, como a realidade e o texto bíblico se iluminam mutuamente em At 4,23-31:

— Leiam primeiro rapidamente o capítulo 3: o que estava acontecendo? Por que Pedro e João foram parar na cadeia? (Qual foi o fato que provocou a prisão e qual foi a razão profunda dessa prisão?)

— A comunidade ouve atentamente Pedro e João contarem os fatos e, ajudados pelo Espírito Santo, encontram uma explicação, uma interpretação destes fatos num texto bíblico muito conhecido, o Salmo 2. Em termos dramáticos, o Salmo evoca a perseguição do Messias e do povo escolhido de Deus e afirma que quem faz isso está perseguindo o próprio Deus e sofrerá as conseqüências. A comunidade encontra força nessa Palavra de Deus no momento difícil que está vivendo; encontra nela uma forte razão para continuar sua missão especial.

— Isso é possível, porque de alguma maneira a comunidade projeta no salmo a situação de perseguição pela qual está passando. Onde o salmo fala de "nações pagãs", a comunidade imediatamente traduz por personagens de sua realidade: "Herodes e Pilatos". Onde o salmo fala de "messias, ungido", a comunidade traduz por "Jesus, teu santo servo". A comunidade entra no salmo com toda a sua realidade e, assim, encontra no salmo uma Palavra de Deus, viva, atual, inédita, resposta para os seus problemas.

Vimos o que é interpretar. Demos um exemplo da própria Bíblia de como se faz essa interpretação entre Bíblia e vida. E agora resta perguntar: na liturgia, *quem interpreta a Palavra de Deus*? Na passagem dos Atos dos Apóstolos citada, é toda a comunidade, "unânime", que é o sujeito da interpretação, repleta do Espírito Santo. Certamente, o Espírito Santo não mudou de tática e continua atuando para que todas as pessoas participantes da comunidade possam ligar Bíblia e vida. O Espírito Santo é derramado sobre toda a comunidade e, assim, toda a comunidade se torna profética, inclusive as mulheres. Os profetas e profetisas falam movidos pelo Espírito Santo. Vejam: At 2,14-18 e 33; At 19,1-7; At 21,8-9; 1Cor 11,5; 1Cor 14,1-5... No evangelho dos discípulos de Emaús, é o próprio Jesus quem está presente e interpreta a Palavra e os acontecimentos (Lc 24,13-27). Assim, podemos dizer que o intérprete da Palavra é a comunidade reunida a Jesus e guiada por seu Espírito.

Mas nem sempre interpretar a Palavra de Deus é uma tarefa fácil. Por isso, é indispensável podermos contar, direta ou indiretamente, com a ajuda dos biblistas e do magistério da Igreja, através dos ministros da Palavra.

Os biblistas ajudam a conhecer melhor o sentido original, literário e histórico dos textos bíblicos no contexto social, econômico, político, cultural em que foram escritos; ajudam para que os textos bíblicos não sejam interpretados de forma fundamentalista, literalista, ao pé da letra, achando que a Palavra de Deus se encontra tal qual nas limitações humanas do texto bíblico. Esse tipo de leitura, de fato, é muito perigosa e enganosa; não deixa de ser uma forma sutil de "suicídio do pensamento", como diz o documento *A Interpretação da Bíblia na Igreja,* da Pontifícia Comissão Bíblica (1993).

Os ministros ou ministras da Palavra, além de estarem atentos aos estudos dos biblistas, devem garantir a fidelidade ao ensinamento do *Magistério da Igreja*. Por isso, são responsáveis pela *homilia*, que é o momento privilegiado da interpretação da Palavra de Deus. A palavra *homilia* (do grego *"homilein"*) sugere uma conversa familiar, no caso, a respeito da Palavra de Deus. Se o ministro da Palavra é responsável pela homilia, isso não quer dizer que deva ser o único a falar. Em uma homilia dialogada, é ele ou ela quem introduz, conduz e conclui a conversa; garante a participação de todos num diálogo proveitoso, profundo, espiritual, autêntica palavra de Deus para a comunidade. Em uma homilia feita só pelo homiliasta, é importante que não seja realizada em forma de discurso ou palestra ou aula, mas que guarde a característica de uma conversa fraterna, familiar, espiritual.

Não somente quem faz a homilia, mas também os leitores e salmistas interpretam a Palavra, simplesmente pelo fato de proclamá-la. Mediante seu ministério, é Cristo que anuncia sua Palavra sempre nova e faz acontecer um novo encontro.

Os intérpretes privilegiados da Palavra de Deus são os pobres. Esse é um dado evangélico indiscutível, vivido com gratidão, principalmente nas comunidades eclesiais de base, na Igreja dos pobres: *Naquele momento, Jesus exultou de alegria sob a ação do Espírito Santo e disse: "Eu te louvo, ó Pai, Senhor do céu e da terra, porque escondeste estas coisas aos sábios e entendidos e as revelastes aos pequeninos. Sim, ó Pai, porque assim foi do teu agrado"* (Lc 10,21; cf. Mt 11,25). Os pobres são também os destinatários privilegiados da mensagem do Reino e a libertação dos pobres é o "teste" de autenticidade e eficácia dessa Palavra: vejam Lc 4,16-21; Mt 11,2-6; Ex 3,7-10. Devemos desconfiar de liturgias da Palavra, homilias, círculos bíblicos... que não levem a que os surdos ouçam, os cegos vejam, os encarcerados sejam libertados, os pobres saiam de sua situação de exclusão (social, econômica, política, cultural, eclesial), as políticas de exclusão passem pela crítica do evangelho... Quando a Palavra autêntica de Deus é anunciada, por atos e palavras, os pobres reconhecem a presença e a ação transformadora do Deus-Conosco que lhes dá força e coragem para se erguer, conscientes de sua dignidade de filhos e filhas de Deus.

Esse último pensamento nos leva a perguntar: *interpretar, a partir de onde? A partir de que lugar social? Interpretar, para quê?* As Sagradas Escrituras lidas em comunidade devem levar em conta a realidade atual, a vida, os fatos e acontecimentos, lidos a partir de Jesus que se coloca do lado dos pobres. É o terceiro "ingrediente" da liturgia da Palavra para se poder ouvir uma palavra viva, atual, de Deus para o seu povo.

2.3. Atenção à realidade atual

Antes das Sagradas Escrituras existirem, o povo de Deus "lia" a Palavra de Deus nos fatos da vida, na história do povo de Deus. Essa leitura dos fatos da vida foi sendo contada de pais para filhos, de geração em geração, nas casas e nas reuniões e liturgias do povo de Deus. Mais tarde, foram anotados em livros, até que se formou a Bíblia, o conjunto das Sagradas Escrituras. A leitura e interpretação desses livros sagrados sempre serviram para ajudar o povo de Deus a perceber a presença amorosa e libertadora do Senhor em sua própria vida, em sua história, em sua realidade.

Seria não entender nada da Palavra de Deus se tentássemos confiná-la num livro, num texto escrito tanto tempo atrás. Deus não morreu! Está vivo e atuante na história, como sempre esteve. Ele age na história de nossa vida pessoal e social, na história da humanidade e nos dá seu Espírito para podermos *ler* os sempre novos sinais de sua presença e ação, para podermos conhecê-lo e viver em profunda comunhão com ele. As Escrituras Sagradas são uma ajuda preciosa nesse processo, como vimos, mas devem ser lidas a partir da realidade atual e para discernir nessa realidade a presença viva e atuante do Senhor e os traços de seu Reino a favor dos pobres.

Por isso, na liturgia da Palavra não podemos deixar de olhar para a nossa realidade e tentar perceber nela os sinais da presença atuante de Deus, sinais de vida, sinais de libertação, sinais de solidariedade, de participação e comunhão, estabelecendo a relação com as Sagradas Escrituras. Como fazer isso concretamente numa celebração?

Nos ritos iniciais, é possível introduzir um elemento novo, chamado *recordação da vida*. Poderá ser feito logo após a saudação ou no início da liturgia da Palavra; no ofício divino das comunidades costuma ser realizado após a abertura, antes do hino. É o momento de lembrar fatos da vida, acontecimentos significativos. Não se trata de "intenções" ou "motivos" ou "motivações" para a celebração; nem deve se tornar uma substituição das preces dos fiéis que virão depois de termos ouvido e interpretado os textos bíblicos.

Na celebração dominical, a recordação da vida poderia responder à pergunta: "O que aconteceu de importante esta semana?" Numa celebração de exéquias, poderíamos perguntar: "Que momentos ou fatos da vida de F. (a pessoa falecida) gostaríamos de lembrar neste momento?"... Durante a proclamação das leituras bíblicas, esses fatos certamente estarão "dialogando" na mente e no coração dos participantes, procurando uma palavra do Senhor para o momento. Na homilia é o momento de explicitar: o que Deus tem a nos dizer hoje, na situação em que vivemos? Como julgar esses fatos a partir de Deus que se revelou na pessoa de Jesus Cristo? Mesmo que as leituras não tenham uma relação temática com os fatos citados, poderão suscitar uma palavra de alento e confiança, um olhar crítico ou uma atitude de compromisso. Os fatos ainda poderão ser objeto de uma prece de súplica ou de ação de graças no decorrer da celebração.

Não devemos lembrar somente fatos positivos, mas também sinais de morte, sinais de destruição, de perseguição, de exclusão... Também diante do "mistério da iniqüidade", diante do mistério do mal, Deus tem algo a dizer. Devemos tomar uma distância crítica e ouvir da parte do Senhor uma palavra julgadora. Em todos os casos, não basta lembrar os fatos, é preciso discernir, *ouvir o que o Espírito diz às Igrejas* e nos engajar no combate permanente contra as situações de morte, a favor das situações de vida, dentro e fora de nós. É preciso buscar caminhos de comunhão e de paz para todos. O objetivo final é que venha o Reino do Senhor.

> *Na celebração litúrgica é máxima a importância da Sagrada Escritura. Pois dela são lidas as lições e explicadas na homilia e cantados os salmos. É de sua inspiração e bafejo (sopro, alento) que surgiram as preces, orações e hinos litúrgicos, e é dela também que os atos e sinais tomam a sua significação. Portanto, para cuidar da reforma, progresso e adaptação da sagrada liturgia, é necessário que se promova aquele suave e vivo afeto pela Sagrada Escritura que é confirmado pela venerável tradição, tanto dos ritos orientais quanto dos ocidentais* (SC 24).

3. O DIÁLOGO DA ALIANÇA, ENCONTRO ENTRE PARCEIROS

A liturgia da Palavra, assim como a liturgia das horas (ofício divino), é diálogo entre os parceiros da Aliança. O Senhor faz sua proposta: vocês serão o meu povo e eu serei seu Deus. Em Jesus, a Aliança se fez nova e definitiva no "sim" de Jesus à proposta do Pai. Mas cada geração, cada um(a) de nós deve aderir a esta resposta de Jesus. Ouvimos a proposta do Senhor e a acolhemos atentos(as) e gratos(as). Depois, damos nossa resposta, aderindo à resposta de Jesus. "Sim, Pai..." Por isso, a liturgia da Palavra transcorre em ambiente de oração. As leituras bíblicas são feitas por ministros que representam o Senhor falando a seu povo, com voz e rosto humanos. Vêm acompanhadas de salmos, aclamações, preces, atitudes do corpo, procissões, velas e incenso, porque não se trata de "passar idéias" ou informações, mas de realizar um encontro entre os parceiros da Aliança. Importa criar laços, realizar a comunhão.

Daí também a importância de se redescobrir a *leitura orante* ou *lectio divina* como prática litúrgica. Nos últimos anos vem crescendo o uso da "leitura orante da Bíblia" na leitura individual ou comunitária, fora da liturgia. Mas, afinal, esse método tem suas raízes nas liturgias judaica e cristã. Os quatro passos (leitura, meditação, oração, contemplação) sistematizados por Guigo, o cartuxo (século XII, em seu livro *A escada dos monges*; escada de nossa subida para Deus), estão presentes na liturgia da Palavra e no cantar dos salmos no ofício divino.

A *leitura* nos manda prestar atenção ao texto em si, levar a sério o contexto no qual foi escrito, seu gênero literário, o objetivo do autor. A *meditação* coloca o texto dentro de nosso contexto atual, interpretando, atualizando, procurando nele uma palavra viva do Senhor para nossa vida. A *oração* é todo o ambiente de escuta/resposta diante do Senhor que fala a seu povo reunido ao redor do Cristo, guiado por seu Espírito. A *contemplação* é a luz do conhecimento de Deus e do mundo visto a partir de Deus; é a comunhão profunda que se estabelece no diálogo da Aliança.

A leitura orante usada como método fora da liturgia é uma excelente preparação ou continuação da leitura orante realizada comunitariamente na liturgia, lugar privilegiado da leitura bíblica.

O evangelho é o Corpo de Cristo:
Eu penso que o Corpo de Cristo é o evangelho e que seus ensinamentos são as Sagradas Escrituras. Quando, pois, Jesus diz: "Quem não come minha carne e não bebe o meu sangue não tem a vida", podemos certamente entender que ele está falando da eucaristia. Mas é certo igualmente que o Corpo de Cristo e seu Sangue são a palavra das Escrituras, seu divino ensinamento. Quando participamos da celebração da eucaristia, tomamos cuidado para que nenhuma migalha se perca. Quando ouvimos a Palavra de Deus, quando a Palavra de Deus é dada a nossos ouvidos e nós, então, ficamos pensando em outras coisas, que cuidado tomamos? Alimentamo-nos da carne de Cristo, não somente na eucaristia, mas também na leitura das Escrituras (São Jerônimo, *comentário sobre o Livro do Eclesiastes*).[1]

4. LEITURAS BÍBLICAS PARA CADA TEMPO E AÇÃO LITÚRGICA

A escolha das passagens bíblicas, organizada em "lecionários" para a assembléia litúrgica dominical e diária, acompanha o ano litúrgico. As leituras, os salmos, as aclamações, as antífonas, os responsos e outros textos bíblicos usados na liturgia explicitam o mistério celebrado em cada tempo:

— no *Advento*, o mistério da vinda do Senhor e a correspondente atitude de espera, de vigilância, de projeção de nossa vida e história para o futuro;

— no *Natal* e na *Epifania*, o mistério da manifestação do Transcendente em nossa "carne" humana como "Emanuel", Deus-Conosco, fazendo-nos perceber e viver a profundidade divina de nossa própria existência;

— na *Quaresma*, o mistério do deserto com suas tentações, sua exigência de uma opção radical contra ou a favor da proposta do Senhor (em nível pessoal, comunitário e social), seu chamado a uma maior comunhão e intimidade com o Senhor;

— na "festa maior" do *tríduo pascal* e no *tempo pascal* culminando na festa de Pentecostes, o mistério da vida que vence a morte na entrega de Jesus ao Pai, no derramamento do Espírito e nossa participação na morte-ressurreição de Jesus, lutando contra todas as mortes e encontrando no mais profundo de nós mesmos(as) uma fonte de vida e energia que não acaba com a morte;

— no *tempo comum*, durante o ano, o mistério do seguimento de Jesus, pautado pelo relato dos evangelistas, moldando nossas consciências e nossos corações, transformando nossas vidas.

---

[1] Trad. de MARCELO RESENDE GUIMARÃES, em *Conversando com os Pais e Mães da Igreja*, Petrópolis, Vozes, 1994, pp. 70-71.

Os Lecionários rituais e o santoral acompanham respectivamente a celebração dos sacramentos e sacramentais e a festa dos santos. Revelam o mistério de Cristo presente e atuante em cada um deles.

Na liturgia das horas (ou ofício divino) quase tudo é tirado da Sagrada Escritura: salmos, cânticos bíblicos, antífonas, leituras, responsos, todos seguindo o momento do dia (manhã, tarde, noite) ou os tempos do ano litúrgico. Um salmo cantado na festa de Pentecostes recebe outro sentido que o mesmo salmo cantado na Quaresma; geralmente é a antífona que nos ajuda a fazer essa leitura diferente.

A relação dos textos bíblicos com o mistério celebrado impõe uma "hermenêutica litúrgica", levando em conta:

a. o momento do dia, a festa ou tempo do ano litúrgico;

b. o tipo de celebração: missa, batizado, ofício divino, exéquias...

c. a relação dos textos bíblicos entre si (primeira leitura, salmo, aclamação, evangelho...; salmos, antífonas...);

d. a relação com os outros textos litúrgicos não-bíblicos, principalmente com o prefácio e o canto de comunhão na missa.

5. RELAÇÃO ENTRE A "MESA DA PALAVRA" E A "MESA DA EUCARISTIA"

Na celebração da Aliança como nos vem descrita em Ex 24,1-11, há nitidamente duas partes. Num primeiro momento, Moisés apresenta ao povo as tábuas da lei recebidas do Senhor, com a proposta da Aliança; o povo reunido em assembléia litúrgica ouve a proposta e declara solenemente sua aceitação. Aí, num segundo momento, faz-se o rito da Aliança, seja com uma refeição de comunhão sagrada ("comeram e beberam"), seja num sacrifício de animais (sangue de animais derramado sobre o altar e sobre o povo).

Nossa celebração eucarística atual segue esse mesmo esquema básico. A liturgia da Palavra é o momento em que a comunidade reunida em assembléia litúrgica ouve a proposta do Senhor (leituras, salmo, evangelho, homilia...) e adere a essa proposta (profissão de fé). A liturgia eucarística é o momento de selar a Aliança no rito memorial da entrega (sacrifício) de Jesus e na comunhão com Pão e vinho. Dessa forma, as duas partes da missa formam "um só ato de culto" (SC 56). O único Pão da vida é servido em duas mesas: a mesa da Palavra e a mesa da eucaristia. A homilia faz a ponte: atualiza as leituras, expõe a proposta do Senhor, suscita a adesão interior, prepara para a renovação da Aliança na liturgia eucarística. A liturgia eucarística, por sua vez, retoma (ou deveria retomar) a temática das leituras e da homilia, principalmente no prefácio, no canto de comunhão e na bênção final.

O mesmo se pode dizer das celebrações dos outros sacramentos e sacramentais: o rito da Palavra e o rito sacramental formam um único ato de culto e estão mutuamente implicados. Nos dois ritos o Senhor "fala" e "faz acontecer" hoje aquilo que é anunciado; revela sua pessoa e sua proposta de vida e realiza nossa comunhão com ele e nossa transformação nele. O rito da Palavra tem eficácia sacramental, transformadora, como a palavra de Jesus ao curar um cego ou paralítico; e o rito sacramental é também Palavra que revela.

A liturgia das horas (ofício divino) é transbordamento do "sacrifício de louvor" e ação de graças da celebração eucarística; principalmente por meio dos salmos é Palavra de Deus que revela e transforma.

> *Pois a Palavra de Deus é viva e eficaz e mais penetrante que espada de dois gumes; penetra até dividir alma e espírito, junturas e medulas. Ela julga as disposições e as intenções do coração. E não há criatura oculta à sua presença. Tudo está nu e descoberto a seus olhos. É a ela que devemos prestar contas (Hb 4,12-13).*

Resumindo

Características da Palavra de Deus na liturgia cristã:

— É profecia: anúncio das promessas de Deus, realizadas em Jesus Cristo e no derramamento do Espírito Santo; é denúncia de tudo aquilo que impede a vinda do Reino de Deus.

— Jesus Cristo Ressuscitado está presente e fala quando se lêem e interpretam as Sagradas Escrituras na comunidade reunida em seu nome.

— O Espírito Santo assiste a comunidade para que ouça e compreenda o que o Senhor tem a lhe dizer em sua situação atual, hoje, no diálogo entre Bíblia e vida, Sagrada Escritura e fatos da realidade.

— Tem eficácia sacramental, pela presença ativa de Cristo e do Espírito Santo. É "Palavra do Senhor", "Palavra da salvação", Palavra que realiza aquilo que anuncia.

— É uma Palavra mediada: ela nos vem pela escuta e pelo diálogo em comum sobre as leituras bíblicas e os fatos da vida; ela nos vem pela atuação do ministério de leitores, salmistas, homiliastas...

— É dialogo orante, experiencial, místico, de comunhão com o Deus da Aliança, a partir do sofrimento dos pequenos e dos pobres. Suscita a súplica pela vinda do Reino, expressa principalmente na oração dos fiéis.

— É doxológica: a mensagem de salvação faz brotar a gratidão e o louvor em nossos corações e nos faz exclamar nossa profissão de fé: Creio!

— É pedagogia e mistagogia da fé: ao longo do ano litúrgico e ao longo de toda a nossa vida vai-nos introduzindo progressivamente no mistério de Cristo, fazendo amadurecer nossa adesão a ele, nosso compromisso com a causa do Reino, nossa intimidade com o Pai, pelo Filho, no Espírito Santo.

— *Tem uma dimensão ética; supõe um compromisso com a transformação da realidade social.*

— *É uma Palavra missionária a ser levada para fora da Igreja, ao mundo, à sociedade, a todas as nações, fazendo que se convertam ao Reino de Deus.*

— *Tem dimensão escatológica: nos faz viver na alegre expectativa da plena realização do Reino.*

Para pensar, trocar idéias e experiências

1. O que você descobriu de novo neste texto sobre a Palavra de Deus na liturgia?

2. De que forma a liturgia da Palavra tem influenciado seu dia-a-dia? Você se lembra de alguma Palavra do Senhor que foi decisiva em sua vida?

3. A comunidade da qual você participa tem conseguido ouvir a palavra viva do Senhor, relacionada com sua realidade? Caso sim, que resultados isso trouxe para a comunidade? Caso não, qual seria a causa e qual seria o "remédio" ou a solução?

Bibliografia complementar

Textos oficiais

Cic. *Palavras e ações,* nn. 1153-1155.

Delc (Departamento de Liturgia do Celam). *A homilia, o que é, como se prepara? Como se apresenta?* São Paulo, Paulinas, 1983.

Ielm (*Introdução ao Elenco das Leituras na Missa*). In: *Lecionário dominical e Lecionário ferial.*

Pontifícia Comissão Bíblica. *A interpretação da Bíblia na Igreja.* 2. ed. São Paulo, Paulinas, 1994. (Também nas Edições Loyola, 1994, com a *Dei Verbum* em anexo.)

Vaticano II. Constituição *"Sacrosanctum Concilium" sobre a Sagrada Liturgia* (SC), principalmente os nn. 6; 7; 24; 33; 35; 48; 51; 52; 53; 56.

Capítulo nono

ORAÇÃO DA IGREJA – EUCOLOGIA

Nós, teu povo santo.

Ione Buyst

1. RELAÇÃO ENTRE PALAVRA DE DEUS E ORAÇÃO CRISTÃ

À Palavra de Deus ouvida e interpretada respondemos com a oração, que podemos considerar uma "palavra da Igreja" no diálogo da Aliança. O anúncio da história da libertação, culminando na proclamação da vitória de Jesus sobre toda morte, suscita na comunidade reunida uma dupla resposta ao Senhor: de ação de graças e de súplica.

a. Ação de graças e louvor pela salvação anunciada; é uma mensagem de esperança, de alegria para nós, de ânimo em nossas dificuldades pessoais, comunitárias e sociais. Sim, vale a pena continuar lutando; o Deus de Jesus Cristo orienta a história; provou que está conosco, nos dá força e coragem, dá sentido a nossa vida.

b. Súplica e intercessão, porque falta muito para que se realize o Reino de Deus no mundo; invocamos o Pai para que envie o Espírito Santo e transforme nossa realidade pessoal e social que ainda se encontra presa nas sombras da morte. Só poderemos sossegar quando não houver mais nenhuma pessoa no mundo vivendo na miséria, nas trevas, na solidão, na injustiça.

1.1. Eficácia da oração

Mas, quem garante que nossa oração será ouvida? Pedimos em nome de Jesus: *Por Cristo nosso Senhor...*; juntamos nossa ação de graças e nosso pedido de intercessão às de Jesus; o Pai ouve Jesus! A força da oração da Igreja vem do mistério de Jesus presente em sua Igreja. Falando com o Pai, fazemos memória de Jesus, com a ajuda do Espírito Santo. É por isso que a oração da Igreja se baseia nas Sagradas Escrituras. Faz memória dos grandes momentos da história da salvação: a libertação da escravidão, a vocação do povo de Deus, a terra prometida, a vitória sobre os inimigos...; tem como ponto alto, como ponto central, a morte-ressurreição de Jesus, sua cruz e sua glorificação. Sem isso, não há oração cristã.

1.2. Uma oração teológica

Por isso, a oração da Igreja, a oração litúrgica, modelo de toda oração cristã não é de cunho psicológico, expressando nossas angústias e desejos, nossos pensamentos e sentimentos. É de ordem teológica: fala a Deus das coisas de Deus, com as próprias palavras que aprendemos dele; expressamos os pensamentos e sentimentos que aprendemos com Jesus e que nos são lembrados pelo Espírito Santo. Nós não sabemos direito como orar e o que pedir; mas o Espírito nos ensina e intercede por nós com gemidos inefáveis; ele nos faz chamar: *Abba!, Pai!* e nos faz entrar na relação filial de Jesus com seu Pai, que é também nosso Pai (cf. Rm 8,14-15.26-27).

Antes mesmo dessa oração cristã, nascida da escuta da Palavra de Deus, existe uma "oração" em sentido mais amplo, entendida como comunhão com Deus. Nesse sentido, todas as pessoas foram chamadas à oração, porque todas foram criadas por Deus e trazem em si as marcas do Criador, assim como um pote de barro traz a marca das mãos do artesão que o moldou. Mais que isso: existe em cada ser humano uma lembrança de Deus, o sopro do Espírito divino que o faz desejar ver o rosto de Deus, ouvir sua voz, viver em comunhão com ele. Essa experiência do desejo da comunhão com Deus, à qual todo ser humano tem acesso e que está na base do diálogo com outras tradições religiosas, é também de certo modo anterior à oração litúrgica e foi reavivada pelo exemplo de Jesus e pelo Espírito que foi derramado sobre nós. Como agradecer e suplicar ao Pai de nosso Senhor Jesus Cristo se nosso corpo e nosso coração não estão sentindo necessidade de se encontrar com o "Amado", o "Esposo", "Aquele que nossa alma ama", como nos sugerem tantos salmos e cânticos bíblicos? Antes de dizer qualquer palavra de oração, é preciso reencontrar o caminho dessa fonte que borbulha no fundo de nós mesmos(as) e deixar Deus falar em nós, até mesmo sem palavras. O silêncio após o convite da presidência (*Oremos...*) é para isso!

> *A minha alma tem sede de Deus, pelo Deus vivo anseia com ardor! Quando irei ao encontro de Deus e verei tua face, Senhor?* Salmo 42(41).
> *Meu Senhor, eu te procuro, desde a escura madrugada. A minha alma está com sede, de seu Deus tão apartada; o meu corpo está sedento, como a terra esturricada... A minh'alma em ti se agarra, me sustentas com tua mão.* Salmo 63 (62).

Exigências no conteúdo, na linguagem e na expressão

As orações anotadas nos livros litúrgicos foram sendo moldadas ao longo de muitos séculos pela experiência do povo de Deus, com a ajuda do Espírito Santo. Vêm como que plasmadas e "curtidas" pelo uso de muitas gerações de cristãos. Trazem como que em síntese, em linguagem de oração, a fé da Igreja. Dessa forma, a oração litúrgica é a melhor escola para nossa oração pessoal. No entanto, a tradição da Igreja é viva, dinâmica e diz respeito a cada comunidade celebrante com sua realidade, com sua cultura. Por isso, quatro condições se impõem:

— que as orações litúrgicas acompanhem o pensar teológico da Igreja (expresso nos documentos do Concílio Vaticano II, nos documentos da Igreja na América Latina, nos documentos de outras Conferências Episcopais...);

— que estejam enraizadas na realidade da vida, pessoal e social (como fazem os salmos e cânticos bíblicos);

— que sejam expressas numa linguagem atual, no modo de pensar e falar próprios da comunidade celebrante, levando em conta as expressões da piedade popular;

— que não sejam simplesmente lidas, de maneira impessoal e formal, mas que a maneira de dizer as orações deixe transparecer, provoque e intensifique nossa relação profunda, respeitosa e carinhosa com o Pai, por Jesus, no Espírito Santo.

2. EUCOLOGIA

Ao conjunto das orações da Igreja (as orações litúrgicas), se dá o nome de "eucologia" (do grego *euché* = oração e *lógos* = discurso). A mesma palavra é usada também para designar o estudo que se faz desse conjunto de orações.

Costuma-se fazer uma distinção entre orações presidenciais e não-presidenciais. As orações presidenciais costumam ser divididas em "eucologia maior" e "eucologia menor". A primeira se refere às orações que antigamente costumavam ser chamadas de "consecratórias", das quais a oração eucarística é a mais importante e como que o modelo das demais. A segunda se refere às outras orações presidenciais, das quais a mais característica é a "coleta". Entre as orações não-presidenciais, destaca-se a oração universal, também conhecida como oração dos fiéis, restaurada pelo Concílio do Vaticano II. Além dessas orações propriamente ditas, temos muitas outras fórmulas litúrgicas que estão a serviço do diálogo entre o Senhor e o seu povo.

Nas orações presidenciais, a presidência da assembléia fala em nome do povo; por isso, suscita a participação de todos através do convite (*Oremos, Corações ao alto, Demos graças a Deus...*), abre espaço para intervenção de todos nas aclamações, previstas nos rituais *(Santo, Anunciamos, Senhor...)* e conta com o *Amém* final, que expressa a adesão da comunidade reunida.

2.1. Orações "consecratórias"

A mais importante e mais característica das orações consecratórias é a oração eucarística, também chamada de *anáfora* (oblação). Outras orações desse tipo são, por exemplo, a oração sobre a água na vigília pascal e nas celebrações do batismo; a bênção dos óleos dos catecúmenos, dos enfermos e do santo crisma (realizadas numa assembléia litúrgica diocesana, na quinta-feira santa ou em outro dia da semana santa); a oração sobre o óleo no sacramento dos enfermos; a oração de ordenação de um bispo, presbítero ou diácono, assim como na consagração de mulheres (monjas, religiosas ou leigas), na dedicação de igrejas e altares...

Essas orações constam geralmente de duas partes principais:

— uma parte *anamnética* (memória), que recorda as coisas maravilhosas que o Senhor realizou até agora por seu povo e o louva e agradece por isso;

— uma parte *epiclética* (de *"epíclese"*), invocando a força do Espírito Santo para que santifique (o pão, o vinho, a comunidade reunida, a água do batismo, o óleo, a pessoa vocacionada...) e faça acontecer a salvação, aqui e agora, para a comunidade reunida e a complete no futuro.

A oração consecratória acompanha um gesto simbólico e expressa seu sentido: oferta, fração e comunhão do pão e do vinho; imersão do círio pascal na água; imposição das mãos; unção... Palavra e gesto juntos é que formam o "sacramento".

Sugerimos que analisem vocês mesmos algumas dessas orações e localizem a "anámnese," a "epíclese" e o "gesto simbólico" que acompanha a oração.

No prolongamento dessas orações consecratórias, poderíamos considerar outras fórmulas presidenciais, como: saudação da assembléia, absolvição do rito penitencial, bênção final... De fato, nelas o presidente age no "movimento descendente": expressa a ação de Deus em relação a seu povo, embora não tenham, evidentemente, a densidade sacramental das orações consecratórias.

2.2. Outras orações presidenciais

Na missa, há três orações presidenciais, além da oração eucarística: a oração "coleta", oração sobre as oferendas, oração depois da comunhão. Em outras celebrações (liturgia das horas ou ofício divino e nas celebrações da Palavra) vamos encontrar principalmente a "coleta".

1) A coleta: encontra-se no final dos ritos iniciais e é como que seu elemento principal, expressando a união da comunidade e sua relação com o Senhor. Em geral, expressa ainda sinteticamente o sentido da festa ou do tempo litúrgico. Para reconhecer os *elementos* da coleta tomemos como exemplo a coleta da festa de Pentecostes:

> *Ó Deus, que pelo mistério da festa de hoje santificais a vossa Igreja inteira, em todos os povos e nações, derramai por toda a extensão do mundo os dons do Espírito Santo e realizai agora no coração dos fiéis as maravilhas que operastes no início da pregação do evangelho. Por nosso Senhor Jesus Cristo, na unidade do Espírito Santo. Amém.*

a. Convite da presidência, dirigido à comunidade: *Oremos.*

b. Silêncio, para oração pessoal, cada um(a) "conectando-se" com o Senhor.

c. Invocação, dirigida a Deus Pai: *Ó Deus...*

d. *Anámnese*, memória, destacando uma ação de Deus a nosso favor, ou uma qualidade dele que favorece seu povo: *que pelo mistério da festa de hoje, santificais a vossa Igreja inteira, em todos os povos e nações...*

e. Súplica (elemento epiclético): *... derramai por toda a extensão do mundo os dons do Espírito Santo e realizai agora no coração dos fiéis as maravilhas que operastes no início da pregação do Evangelho.*

f. Intercessão: *Por nosso Senhor Jesus Cristo, vosso Filho, na unidade do Espírito Santo.*

g. Adesão da assembléia à oração pronunciada pela presidência: *Amém.*

2) A oração sobre as oferendas está situada no final da preparação das oferendas. Às vezes retoma temas da preparação das oferendas, às vezes antecipa os temas da oração eucarística. É bom lembrar que não se trata ainda de um ofertório ou oferta; é apenas preparação.

3) A oração depois da comunhão parte da ação eucarística realizada e a projeta para a nossa volta à missão, à vida do dia-a-dia. Pedimos que se realizem em nós e no mundo os frutos da celebração. Levando em conta a unidade entre liturgia da Palavra e liturgia Eucarística, seria importante se esta oração expressasse essa ligação, retomando uma imagem, frase, ou temática, principalmente do Evangelho do dia. O próprio missal dá alguns exemplos nesse sentido; assim, na festa do batismo do Senhor: *Nutridos pelo vosso sacramento, dai-nos, ó Pai, a graça de ouvir fielmente o vosso Filho amado, para que, chamados filhos de Deus, nós o sejamos de fato.*

4) A oração sobre o povo, ligada à bênção final, pode ser usada em qualquer celebração: na missa ou outro sacramento, ou celebração da Palavra, ou liturgia das horas (ofício divino). Faz a ponte entre a celebração e a vida. Um exemplo: *Confirmai, ó Deus, os corações dos vossos filhos e filhas, e fortalecei-os com vossa graça, para que sejam fiéis na oração e sinceros no amor fraterno. Por Cristo nosso Senhor.*

5) A oração sálmica é uma espécie de oração-coleta realizada no final de um salmo na liturgia das horas. Canta ou recita-se o salmo e, após um breve silêncio para oração pessoal, a presidência da celebração faz a oração sálmica. Parte da temática e das imagens do salmo, ligando-o com o mistério celebrado no dia e com a realidade atual. Assim, constitui uma atualização do salmo. Resume e expressa os afetos dos que salmodiam. É de antiga tradição, que se perdeu e agora foi de novo recomendada na renovação da *liturgia das horas* (cf. IGLH 112).

Um exemplo de uma oração sálmica depois do Salmo 23(22): *Senhor, pastor de teu povo, sempre pronto a nos preparar uma mesa no deserto da vida, acompanhe com cuidado e carinho todos os sem-trabalho, os sem-terra, os sem-teto, os sem-família e sem-justiça; possam encontrar em ti, ó Pai, o apoio e o alento de que necessitam para continuar na luta. Por Cristo nosso Senhor.*

6) Exorcismos são orações de libertação do mal, realizadas sobre os catecúmenos na liturgia do catecumenato, no final de uma celebração da Palavra. Um exemplo: *Ó Deus, criador e redentor de vosso povo santo, que em vosso amor atraístes estes catecúmenos, lançai sobre eles hoje o vosso olhar e, purificando seus corações, realizai neles vosso plano de salvação, para que, seguindo fielmente o Cristo, possam haurir das fontes do Salvador.*[1]

7) Um caso especial é a "louvação" ou ação de graças que se pratica em muitas comunidades de base em suas celebrações dominicais na ausência do padre. Trata-se de um tipo de prefácio, proclamado pela presidência da celebração, terminando com o canto do *Santo.* No domingo, dia do Senhor, não deve faltar o louvor ao Pai pelo mistério pascal de Jesus e nossa participação neste mistério. Em algumas comunidades, esta louvação se torna uma "bênção do pão" em memória de Jesus.

8) Na liturgia doméstica (em casas de família, nas comunidades religiosas ou outras comunidades), não nos esqueçamos da *bênção da mesa,* um tipo de oração-coleta que bendiz ao Senhor pelos alimentos que se vai tomar e pede que sirvam para o crescimento de seu Reino.

2.3. Oração dos fiéis e outras ladainhas

A oração dos fiéis é uma oração em forma de ladainha, no final da liturgia da Palavra. Tendo ouvido a Palavra e instruídos pelo Espírito, estamos em condições de aderir, como comunidade sacerdotal, à súplica de Jesus que não pára de interceder, hoje, por nós e por todos, junto ao Pai (cf. Hb 7,25 e 9,24). A finalidade última é a vinda do Reino: *Venha a nós o vosso Reino!*

A convite do presidente, fazemos nossas preces: pela Igreja, pelos poderes públicos, pelas pessoas que sofrem necessidades, por todas as pessoas e pela salvação do mundo inteiro (cf. 1Tm 2,1-4; SC 53). A cada uma das preces, feitas por uma pessoa (diácono, outro ministro ou qualquer participante da celebração...), todos aderem com uma fórmula de pedido em comum, dirigida a Cristo: *Senhor, escutai a nossa prece* (ou outra semelhante). Dessa forma, a prece de uma pessoa torna-se prece comum.

É chamada também de "oração universal", porque intercedemos, juntamente com Cristo, pelo mundo inteiro, por todas as pessoas, independentemente de pertencerem ou não a qualquer Igreja ou religião. É como se o mundo inteiro se fizesse presente em nossa reunião litúrgica. No final, a presidência encerra com uma oração tipo coleta, dirigida a Deus-Pai.

---

[1] *Rito da Iniciação cristã dos adultos,* n. 373.

A *estrutura*, portanto, é a seguinte:

— Convite da presidência.

— Preces proferidas (ditas ou cantadas) por uma pessoa, seguidas de uma resposta (de preferência cantada) por toda a assembléia.

— Oração conclusiva da presidência.

— *Amém* da assembléia.

Nas liturgias orientais, há várias ladainhas espalhadas ao longo da celebração eucarística: nos ritos iniciais, no final de liturgia da Palavra, depois da apresentação das oferendas, depois da comunhão.

Nos dois ofícios principais da *liturgia das horas* (ofício divino) temos orações semelhantes: no ofício da manhã, *preces de louvor* pela criação, pelo novo dia que começa, pelo mistério da ressurreição do Senhor...; no ofício da tarde, *preces de súplica* por nós mesmos(as) e por todas as pessoas sofredoras, que Jesus associa à sua paixão e morte na cruz. Ambas terminam com o Pai-Nosso.

A oração universal da Sexta-feira Santa tem uma estrutura diferente: a presidência propõe uma intenção, o diácono (ou outro ministro) convida à oração silenciosa, a presidência conclui com a oração, à qual o povo responde *Amém*. E assim sucessivamente para todas as intenções.

Há outras *orações em forma de ladainha*, como, por exemplo: ladainha de todos os santos na vigília pascal, na celebração do batismo, na profissão monástica..., invocando a intercessão dos santos e santas de Deus. Ladainha penitencial na celebração da reconciliação.

2.4. Outras fórmulas litúrgicas no diálogo da Aliança entre o Senhor e o seu povo

O *Pai-Nosso* (Oração do Senhor) era originalmente uma oração individual, que mais tarde entrou para a liturgia: na missa, na celebração dos outros sacramentos, no ofício divino (liturgia das horas); o *ato penitencial* da celebração eucarística, situando-nos diante do Senhor como necessitados(as) de misericórdia e perdão; os *hinos* são composições poéticas principalmente para os ofícios da manhã e da tarde. Expressam o sentido das horas, da festa ou do tempo litúrgico; as *seqüências* (da Páscoa, de Pentecostes, da festa de "Corpus Christi"...) também são composições poéticas cantadas entre as leituras da liturgia da Palavra. Há ainda *as aclamações*, antes do Evangelho, durante a oração eucarística... e os *diálogos* (por exemplo: *O Senhor esteja convosco. Ele está no meio de nós!*).

3. MÚSICA: "CANTANDO UM CÂNTICO NOVO" (Ap 5,9a)

Grande parte da participação na liturgia é assegurada pela música, ao menos nos domingos e dias festivos. A música atrai, facilita a participação;

porém, pode causar também enormes estragos espirituais se não for bem-compreendida a relação entre música e liturgia. De fato, o que vemos é que a liturgia tornou-se "palco" para as "criatividades" de muita gente, sem que se leve em conta a natureza da liturgia. E, assim, em vez de se tornar uma aliada, acaba impedindo a verdadeira participação.

Por isso, é preciso ter clareza sobre alguns pontos básicos: o que caracteriza a música na liturgia? Qual é afinal sua função e seu objetivo? Em que momentos cabe uma música? Qualquer tipo de música serve? Quem deve cantar? Qual é o papel dos instrumentos musicais e sua relação com a voz? Quais são os critérios que devemos usar na hora de escolher ou compor uma música para a liturgia?

Palavras-chave: *música ritual; função ritual* (de cada música).

3.1. Música, música religiosa, música sacra, música ritual

A música parece ser um dado universal: faz parte da vida de toda pessoa humana. Será que alguém consegue viver sem nenhuma expressão musical? Todos os povos têm sua música, expressando seu jeito de ser, sua cultura...

Há vários tipos de música, conforme a *finalidade* a que se destina: música ambiente, música para relaxamento, para acompanhar o trabalho, para brincadeira de crianças, cantigas de ninar, música para tirar leite de vaca, para estimular as compras no supermercado, para marchar, dançar etc.

Há música que expressa a relação do indivíduo ou de um grupo de pessoas com o transcendente: é música considerada *religiosa,* ou música *sacra*. Temos um grande acervo de música religiosa popular e também de música sacra erudita, tanto no continente latino-americano como no europeu. Nos últimos anos tem havido uma procura e oferta de muitos tipos de música para meditação.

Entre as músicas religiosas, podemos distinguir a *música ritual,* presente em todas as religiões. É um tipo de música que acompanha as ações sagradas e é considerada parte integrante delas, tendo a mesma eficácia e o mesmo objetivo.

3.2. Música litúrgica, música ritual

Nas últimas décadas, houve um esforço de renovação da música usada na liturgia cristã, no sentido de não mais nos contentar com qualquer música sacra ou religiosa, nem mesmo de teor catequético, evangelizador ou conscientizador. Houve (e está havendo) um esforço de redescobrir e valorizar a música ritual para a liturgia cristã. Trata-se de não mais cantar *na* liturgia (qualquer coisa..., ainda que bonito ou edificante), mas cantar *a* própria liturgia (os próprios textos rituais musicados, ou os próprios ritos acompanhados de música, levando em conta a natureza da liturgia e de cada momento ritual). Daí surge a necessidade de conhecermos profundamente a *liturgia* e a *função ritual* de cada canto ou peça musical.

Música, parte integrante da liturgia

Não se deve considerar a música na liturgia como um "enfeite", como algo complementar, quase que à margem, mas, sim como uma *parte integrante*. O que faz a música ser "sacra" — ou melhor, "litúrgica" — não é um determinado estilo musical nem mesmo o simples fato de despertar sentimentos religiosos. A música será tanto mais litúrgica quanto mais *intimamente ligada à ação litúrgica.* Esse é o critério fundamental emanado do Concílio Vaticano II. A música tem uma função ministerial: está a serviço daquilo que se celebra na liturgia (SC 112).

Vale lembrar que a liturgia cristã é sempre memorial, celebração do mistério pascal de Jesus Cristo, feita pela comunidade de fé, no Espírito Santo. A música, sendo parte integrante da liturgia, é chamada, portanto, a ser expressão simbólico-sacramental do mistério da salvação. O canto que deve ressoar na liturgia cristã é o *canto novo* entoado diante do trono de Deus e do Cordeiro (Ap 5,9), o canto de louvor pelo mistério pascal de Jesus. É chamado a ser pascal, eclesial e profético. Participa da força sacramental de toda a liturgia. Por meio da música, como por meio de todos os outros sinais sensíveis, é significada e realizada a santificação do ser humano e a glorificação de Deus. Por meio dela se atualiza o mistério celebrado e são estreitados os laços da nova e eterna Aliança de Deus com a humanidade, mediante Cristo e o Espírito Santo.

O único mistério pascal tem suas expressões diversificadas, múltiplas, e a música deverá ser colocada a serviço de cada uma delas:

a. conforme o tipo de celebração (missa, batismo, celebração da palavra, matrimônio, bênção, exéquias...);

b. conforme o momento do dia (no ofício divino: manhã, tarde, noite);

c. conforme o tempo do Ano Litúrgico (advento, natal, epifania, quaresma, tríduo pascal, tempo pascal, tempo comum durante o ano, festas dos santos etc.).

Ao mesmo tempo, terá de ser um canto que leve em conta o chão da vida dos pobres, e que seja expressa na cultura musical da comunidade celebrante, para que possa participar de verdade. De fato, cada comunidade tem sua fisionomia; cada grupo de pessoas tem suas características, dependendo de sua etnia, cultura, idade, condição social, nível de aprofundamento na fé.

3.3. Música vocal e música instrumental

Até agora falamos de "música", indistintamente. No entanto, há outra regra a ser lembrada: a música vocal é mais importante na liturgia do que a música instrumental e deve ocupar o espaço maior. É a voz humana que se alegra e louva a Deus, que chora, geme e implora, que expressa o mistério de Cristo. Importa ouvir o texto, deixar as palavras penetrarem em nosso corpo, nossa mente, nossa alma, nosso espírito e nos transformar. Por meio da voz do salmista, dos cantores, da assembléia..., é a voz de Cristo, é a voz do Espírito que procuramos ouvir; nessa voz ressoa a voz da humanidade inteira, de ontem e de hoje; é a voz de nossas próprias profundezas que vem à tona e nos faz descobrir quem somos diante da face do Senhor! Os instrumentos muitas vezes nos distraem e apelam apenas para os sentidos superficiais... Não somente nos tempos penitenciais, como a quaresma e o advento, mas também em outros momentos, não deveríamos abrir mão de cantar certos cantos sem instrumento.

O instrumento musical pode estar a serviço da voz, dando suporte, porém jamais abafá-la ou encobri-la. Podemos prever peças instrumentais, independente de canto, por exemplo, durante a procissão das oferendas, ou depois da comunhão, ou ainda na saída; todavia, será necessário dizer que não se deve substituir o músico por uma máquina (gravador, reprodutor de CD ou fita-cassete)? É o ser humano que louva a Deus com sua voz ou seu instrumento, não a máquina; somente o ser humano pode-se tornar ministro de Deus no canto.

3.4. Função ritual e gênero musical

Uma celebração litúrgica é composta de uma série de ritos que tem cada qual uma função diferente, um significado e um objetivo na dinâmica da celebração. Nenhuma peça musical pode ser introduzida na liturgia, sem levar em conta essa função ritual. Por exemplo, o *Cordeiro de Deus* acompanha a fração do pão, evocando o sacrifício do Cordeiro pascal e do Servo Sofredor nos cânticos de Isaías. A aclamação memorial *Eis o mistério da fé...* atualiza a narrativa da última Ceia. A antífona de entrada na festa do Natal proclama o mistério da encarnação de Deus em nossa humanidade. O cântico de Maria no ofício da tarde, acompanhado de antífonas diversas de acordo com cada festa e tempo litúrgico, prolonga a ação de graças da liturgia eucarística e proclama, grata e alegre, a salvação de Deus operada em nossa história, em nossa realidade sofrida.

Cada função ritual costuma exigir um determinado gênero musical: salmo, cântico bíblico, antífona, responso, hino, aclamação, seqüência, recitativo, ladainha... Por exemplo: na entrada não se canta uma aclamação, e sim um salmo ou um hino; antes do Evangelho não se deve cantar um responso, e sim uma aclamação; uma aclamação ao Evangelho é diferente de uma aclamação na oração eucarística, ou uma aclamação após o batismo; uma antífona não pode substituir um responso; a proclamação do Evangelho demanda um recitativo... Texto, melodia e ritmo deverão estar de acordo e cumprir a função ritual, para que o rito possa alcançar seu objetivo espiritual nos participantes.

Onde há melodias espirituais,
aí vem a graça do Espírito Santo e santifica a boca e a alma.[2]

A música está a serviço da Palavra de Deus na liturgia (leituras cantadas, salmos, responsos...), como a serviço da oração da Igreja (eucologia); é veículo de comunicação no diálogo da Aliança entre o Senhor e o seu povo, é linguagem de amor entre o Cristo-esposo e a comunidade-esposa.

3.5. A referência-fonte: a vida litúrgica dos primeiros cristãos

O que cantavam os primeiros cristãos em suas liturgias? No Novo Testamento encontramos várias referências a essa prática. Em primeiro lugar vêm os salmos e cânticos bíblicos. Depois seguem criações novas em forma de hinos. Nos dois casos, a novidade está no fato de que tanto os salmos e cânticos como os hinos se referem a Jesus, o Cristo, o Filho de Deus, o Messias e à salvação que Deus realizou através dele.

Eles se reúnem antes do amanhecer e cantam a Cristo como a um deus.
(Plínio, o Jovem, em *Carta ao Imperador Trajano*, no ano de 112).

Proclamam sua morte e ressurreição, seu mistério. É a mais alta teologia da Nova Aliança em forma poética e musical, feita louvação e súplica, ação de graças e intercessão, júbilo e lamento. Vejamos apenas alguns poucos dentre os muitos textos espalhados no Novo Testamento:

— Quanto aos salmos: Mt 27,45-46; Lc 24,44-48; At 2,24-28 e 32-36; At 4,23-31; Hb 10,5...

— Quanto aos cânticos bíblicos: Lc 1,46-55; 1,67-7; 2,29-32, o cântico de Maria, de Zacarias e Simeão, privilegiados na liturgia das horas, cantados respectivamente nos ofícios da tarde, da manhã e da noite.

— Quanto aos hinos: Ef 1,3-10; Fl 2,6-11; Cl 1,12-20; 1Tm 3,16; Ap 4,11; 5,9-10.12-14; 11,17-18; 12,10b-12a; 15,3-4; 19,1-3.6b-8a...

Há também referências a aclamações: Amém, Aleluia! Maranatha! (Vem, Senhor!)

Esses cantos da primeira geração de cristãos continuam a referência principal para nós e deveriam ocupar a maior parte de nosso repertório musical litúrgico. Depois vêm outros textos litúrgicos musicados, como ora-

---

[2] São João Crisóstomo, *Patrologia graeca* 55:157.

ções eucarísticas (principalmente os prefácios), orações, ladainhas (*Senhor, tende piedade*; *Cordeiro de Deus*), aclamações (*Santo*, Eis o mistério da fé...), hinos (Glória a Deus...). Cada geração poderá acrescentar suas próprias criações, porém, sem suplantar os citados acima e sem perder de vista outra regra fundamental: *os textos destinados aos cantos sacros sejam conformes à doutrina católica e sejam tirados principalmente das Sagradas Escrituras e das fontes litúrgicas* (SC 121).

3.6. Os salmos na liturgia atual

Em que momentos de nossas liturgias cabe o canto dos salmos?

— O salmo responsorial (tanto na celebração eucarística como na celebração dos outros sacramentos e sacramentais, na celebração da Palavra), acompanhando a primeira leitura e respondendo a ela.

— Os salmos e cânticos bíblicos na liturgia das horas (ofício divino).

— Os salmos acompanhando procissões (entrada, oferendas, comunhão; procissão com os ramos, procissão com velas, procissão do enterro etc.).

— Dos salmos são tirados versos para os responsórios e para muitas antífonas ou refrões que são repetidos e facilitam a participação de todas as pessoas participantes.

Além de se referir a Jesus Cristo, os salmos são escolhidos e interpretados de acordo com cada tempo ou momento litúrgico. Assim há salmos próprios para os ofícios da manhã (por exemplo, o Sl 63), para os ofícios da tarde (Sl 141), para a eucaristia (Sl 34), para os sacramentos da iniciação cristã (Sl 23), para o Natal (Sl 2 e 110), para a Páscoa (Sl 118) etc. E, é claro, não podemos deixar de relacioná-los ainda com nossa realidade atual. Dessa forma, ao cantar os salmos, estaremos prestando atenção ao sentido literal, cristológico, litúrgico e espiritual de cada salmo.

3.7. Quem deve cantar?

1) A celebração litúrgica é considerada um ato eclesial, comunitário. Daí a necessidade de devolver o canto litúrgico a toda a assembléia, naquelas partes que lhe diz respeito; por exemplo: o *Senhor, tende piedade...,* o *Glória...,* a resposta do salmo responsorial, as respostas aos convites da presidência, as aclamações durante a oração eucarística; poderão ser executados em diálogo com um grupo de cantores ou um coral. Somos convidados a cantar "a uma só voz", expressando a unidade do Corpo de Cristo. O ministério de quem anima o canto é fundamental, principalmente em assembléias maiores.

2) Há partes próprias da presidência da assembléia litúrgica; por exemplo a saudação, a oração eucarística (ou somente o prefácio), as orações presidenciais.

3) Há cantos tradicionalmente próprios da função diaconal; por exemplo, o *Exulte* da vigília pascal.

4) O salmista fica encarregado do salmo responsorial, alternando com a assembléia que canta o refrão.

5) Um grupo de cantores ou um coral podem dar suporte ao canto da assembléia, alternar com ela ou cantar a várias vozes, harmonizando com a voz da assembléia. Podem ainda executar sozinhos alguma peça mais rebuscada (principalmente em dias de festa); por exemplo, após a homilia, relacionada com a própria homilia e o evangelho, ou após a comunhão, prolongando a meditação contemplativa. Jamais, porém, podem substituir o canto da assembléia.

Salmistas, cantores, instrumentistas... exercem um verdadeiro ministério litúrgico. Isso tem suas implicações:

— Convém que sejam envolvidos(as) na preparação das celebrações, como membros da equipe de liturgia. É na reunião de preparação que se escolhe os cantos, partindo da análise dos textos bíblicos e litúrgicos do dia. Nem a equipe de liturgia deve escolher os cantos e mandar o recado para que a equipe de canto as execute, nem esta última deve decidir por conta o que será cantado.

— Os ministérios são parte integrante da assembléia celebrante; portanto, participam plenamente da celebração; não estão aí para tocar ou cantar *para* o povo, mas juntamente com ele. Procuram, juntamente com todo o povo reunido, louvar ao Senhor de todo o coração e crescer espiritualmente, deixando-se santificar pelo Espírito do Senhor que atua poderosamente na celebração litúrgica.

— Não nos esqueçamos de que por meio do ministério dos cantores é um "cantor invisível" que se quer fazer ouvir: o Cristo, o Espírito.

— Para que estejam à altura de tão importante serviço, todas as pessoas que assumem um ministério da música têm direito a uma formação ao mesmo tempo técnica e espiritual. Depois desse período de formação, incluindo estágios, em algumas dioceses introduziu-se o costume de oficializar o ministério da música litúrgica como ministério "reconhecido" ou "confiado", numa celebração com bênção especial e apresentação à comunidade.

3.8. Mas, afinal, por que cantar na liturgia?

Cantar juntos(as), a uma só voz, cria unidade e fortalece os laços na comunidade; ao mesmo tempo não anula a individualidade: a voz de cada pessoa é única, tem um timbre inconfundível que expressa sua personalidade. Juntar nossas vozes numa só voz nos faz ser igreja, "com um só coração e uma só alma" (At 4,32).

— O canto dá realce tanto à Palavra de Deus quanto à Oração da Igreja; facilita sua penetração e assimilação.

— O canto transcende nossa racionalidade e, por isso, é capaz de expressar o mistério; nos faz cantar no Espírito, com os corações ao alto, em Deus; exprime de forma mais suave a oração e nos leva ao júbilo e à exultação.

— Atinge mais profundamente nossa pessoa em sua totalidade, a partir dos sentimentos.

— Proporciona um clima de festa e de solenidade; suscita a alegria, própria de quem participa da Páscoa de Cristo e aguarda a festa vindoura do Reino.

O canto dos salmos tem como alvo o maior dos bens, a caridade. Pois o canto encontra vínculos para realizar a concórdia e reúne o povo na sinfonia de um mesmo coro (São Basílio, *In Psalmum 1,2, Patrologia graeca* 29, 212).

3.9. Arte musical – Cantar com o coração

É desejo que tanto a letra como a música e a execução sejam *esteticamente satisfatórias*, sejam "verdadeira arte"; a experiência do mistério celebrado passa também pela experiência estética, que, no entanto, não é privilégio da arte elitista; também a arte popular é "verdadeira arte" e pode nos levar à experiência estética do mistério celebrado.

Cantar com o coração: esta expressão curiosa que encontramos na Bíblia e em vários textos dos santos Pais e Mães da Igreja chama nossa atenção para o modo como devemos cantar. É com todo o nosso ser que cantamos, acompanhando com nossa mente e nosso coração aquilo que nossa voz e nossa garganta pronunciam. Em uma palavra: cantar meditando. O canto meditado se aloja no coração e de lá irradia luz e paz ao longo do dia, no meio de nossas ocupações diárias e, assim, ajuda a manter a oração permanente.

Falai uns aos outros com salmos e hinos e cânticos espirituais, cantando e louvando o Senhor em vosso coração, sempre e por tudo dando graças a Deus, o Pai, em nome de nosso Senhor Jesus Cristo (Ef 5,19). *A Palavra de Cristo habite em vós ricamente: com toda sabedoria ensinai e admoestai-vos uns aos outros e, em ação de graças a Deus, entoem em vossos corações salmos, hinos e cânticos espirituais* (Cl 3,16).

4. SILÊNCIO: O SENHOR VEM!

A SC 30 nos pede: *Para promover a participação ativa do povo, recorra-se a aclamações, respostas, salmodias, antífonas, cânticos, assim como a gestos ou atitudes corporais. Nos momentos devidos, porém, guarde-se o silêncio sagrado*. Os livros litúrgicos prevêem explicitamente momentos de silêncio. Por quê? Que tipo de silêncio?

4.1. Silêncio diante do Mistério

Vários textos bíblicos situam o silêncio em relação com o mistério de Deus a ser revelado ou com o iminente dia do Senhor: *O Senhor está em seu santuário sagrado: silêncio em sua presença, terra inteira!* (Hab 2,20). Vejam também: Sf 1,7; Zc 2,17; Is 41,1; Sl 76,9-10; Ap 8,1.

Cada celebração litúrgica é momento de revelação do Senhor. Convém calar as vozes exteriores e interiores, silenciar todo o nosso ser, aguçar todos os nossos sentidos, aguardando o momento dessa revelação. O Senhor vem! Mesmo enquanto estamos cantando ou ouvindo uma leitura ou acompanhando uma oração, no fundo de nós mesmos(as) há de perdurar essa atitude de silêncio e de total atenção ao Senhor que se manifesta. Os ministérios que atuam na celebração têm o sagrado dever de criar esse clima de respeitoso silêncio envolvendo toda a assembléia, possibilitando a revelação do Mistério.

4.2. A Palavra envolvida em silêncio

Uma antífona da festa do Natal relaciona o silêncio com a chegada do Verbo de Deus, com a vinda da Palavra: *Enquanto o silêncio envolvia a Terra e a noite estava em meio ao seu curso, a vossa divina Palavra, Senhor, veio a nós do seu trono real. Aleluia* (cf. Sb 14,14-15). A Palavra de Deus só pode ser recebida no silêncio, que cava em nós o espaço necessário (como um útero!) para receber a mensagem de salvação; daí a necessidade de se criar espaços silenciosos antes e depois da proclamação das leituras, durante e no final da homilia. Além disso, a fala espaçada deve permitir que ouçamos a voz do Espírito nas entrelinhas, pois as palavras por si só não são suficientes. Mesmo os próprios ministros da Palavra (leitores, salmistas, homiliastas...) precisam desses silêncios para não abafar a voz de Cristo e do Espírito que quer falar por eles.

> *Quem possui verdadeiramente a Palavra de Jesus é capaz de compreender até mesmo o seu silêncio, para se tornar perfeito* (Inácio de Antioquia, *Epistula ad Efhesios 15,1-2*).
> *Não é bom de sondar demais as Palavras de Deus, o mel, para não cometer o despudor de tocar nas coisas espirituais que ultrapassam a alma e querer descobrir por si mesmo os mistérios. Ao contrário, o ser humano deve dar glória, adorar e dar graças em silêncio por aquilo que lhe é dado compreender* (Isaac, o sírio, 23º discurso ascético; cf. Pr 25,16-17.27a-28).

A palavra da Igreja necessita igualmente do silêncio para associar-se ao Espírito que, só ele, sabe como devemos orar e o que devemos pedir (cf. Rm 8,26-7). Por isso, as orações presidenciais vêm precedidas do convite *Oremos*, que é convite à oração silenciosa de cada participante. No rito penitencial, no exame de consciência do sacramento da reconciliação, entre as várias preces da oração dos fiéis... e em tantos outros momentos, um breve silêncio nos permite descer no fundo de nós mesmos(as) e colocar diante do Senhor nossa mais íntima realidade. O silêncio, carregado assim da consistência do encontro pessoal com o Senhor, poderá evitar que as nossas orações e preces se tornem mecânicas e que se pareçam com a reprodução de uma fita já gasta de falações vazias e repetitivas.

A oração pessoal tem vez também na liturgia das horas: *Para facilitar a plena ressonância da voz do Espírito Santo nos corações e unir mais estreitamente a oração pessoal com a Palavra de Deus e com a voz pública da Igreja, pode-se intercalar uma pausa de silêncio, após cada salmo (Introdução Geral à Liturgia das Horas, 202).*

4.3. Silêncio de intimidade e comunhão

Além do silêncio de espera da manifestação do Senhor e do silêncio que envolve a Palavra de Deus e da Igreja, há o silêncio de quem saboreia o mistério presente na intimidade, um silêncio de proximidade, de assimilação, de comunhão, mas que é ao mesmo tempo, por assim dizer, "presença de uma ausência": o Senhor está conosco, mas através de sinais. Dois textos bíblicos que relatam respectivamente a experiência de Elias e de Maria podem nos ajudar a compreender:

Elias, fugindo da Rainha Jesabel, refugia-se no monte Horeb e o Senhor vem ao seu encontro de uma forma inusitada: *E Deus disse: "Sai e fica na montanha diante do Senhor". E eis que o Senhor passou. Um grande e impetuoso furacão fendia as montanhas e quebrava os rochedos diante do Senhor, mas o Senhor não estava no furacão; e depois do furacão houve um terremoto, mas o Senhor não estava no terremoto; e depois do terremoto veio um fogo, mas o Senhor não estava no fogo; e depois do fogo veio o murmúrio de uma brisa suave. Quando Elias o ouviu, cobriu o rosto com o manto, saiu e pôs-se à entrada da gruta* (1Rs 19,11-13).

Maria foi vivendo tantas coisas: a anunciação, a gravidez, a viagem para Judéia, o nascimento do menino, a visita e as palavras dos pastores; então, *Maria conservava cuidadosamente todos estes acontecimentos e os meditava em seu coração* (Lc 2,19).

Uma brisa suave, uma meditação no coração... Eis o tipo de silêncio que convém principalmente depois da comunhão eucarística. Silenciando, guardamos em nosso coração e meditamos todos os acontecimentos da própria celebração, tendo como pano de fundo nossa vida com suas alegrias e tristezas... Não se trata de pensar muito, de analisar, de refletir... Trata-se simplesmente de *estar presente* por inteiro(a), de viver a profunda união que nos liga com o Senhor, de compreender nossa vida do jeito que está escondida com Cristo em Deus (cf. Cl 3,3).

> Neste dia vós compreendereis que eu estou no Pai
> e vós em mim e eu em vós, disse Jesus (Jo 14,20).

4.4. Uma Palavra que conduz ao silêncio

Nem sempre é fácil silenciar nossa boca, nosso corpo, nossa mente, nosso coração. Um pequeno refrão meditativo, repetido muitas vezes, no início de uma vigília, ou antes da liturgia da Palavra, ou como resposta à palavra ouvida, ou depois da comunhão... poderá ajudar a assembléia a chegar ao silêncio.[3] A maioria desses refrões é cantada a várias vozes, e alguns deles vêm acompanhados de um contracanto. Alguns exemplos: *O nosso olhar se dirige a Jesus, o nosso olhar se mantém no Senhor! — Alegrai-vos todos, toda gente; ao Senhor, nosso Deus com amor servi, aleluia — Confiemo-nos ao Senhor, ele é justo e tão bondoso, aleluia! — Vem, divino Espírito.* Um outro método comprovado, individual, é o seguinte: cada um(a) por si respire profundamente, de forma ritmada, e preste atenção a cada inspiração e expiração. Ao expirar, entregue ao Senhor todas as tensões e dificuldades; ao inspirar, abra-se à luz, à paz, ao Espírito do Senhor. Poderá associar a essa respiração uma invocação do nome de Jesus.[4]

Para pensar, trocar idéias e experiências

Oração litúrgica

1. O que foi novo para você no estudo sobre a oração litúrgica?

2. Sua oração pessoal tem-se alimentado da oração litúrgica? Como?

3. O que se poderia fazer para despertar as pessoas de sua comunidade para a riqueza da oração litúrgica e possibilitar uma participação mais consciente nela?

Música

1. Faça uma lista dos critérios mais importantes para a escolha e composição de uma música para a liturgia cristã.

2. A música na liturgia tem ajudado você a participar mais profundamente no mistério de Cristo? Sim? Não? Por quê? O que pode ser feito para que o proveito seja maior?

3. Aplique os critérios acima a duas ou três músicas cantadas nas liturgias de sua comunidade. Ou: olhando o repertório de

---

[3] São muito divulgados os *Cantos de Taizé,* da comunidade monástica ecumênica, muito conhecida, entre outras coisas, por seus concílios de jovens. Também o *Ofício Divino das Comunidades* publicou um caderno e fitas cassete com "Refrões meditativos".

[4] Vejam: Coleção *Oração dos Pobres*, São Paulo, Paulus. Entre outros: *Relato de um peregrino russo; A invocação do nome de Jesus; A nuvem do não-saber*; *Pequena Filocalica; Meditação cristã;* FREEMAN, Laurence, *Prática diária da meditação cristã,* São Paulo, Paulus, 1995.

música litúrgica de sua comunidade, qual é sua avaliação? Ou: programe um encontro com os responsáveis da música litúrgica em sua comunidade ou região para aprofundar juntos(as) o papel da música na liturgia.

Silêncio

1. Por que fazemos silêncio na liturgia?

2. O que aproveitou deste tema para sua participação pessoal na liturgia? O que pretende colocar em prática?

3. Nas celebrações de sua comunidade, o sagrado silêncio é respeitado? O que poderia ser feito para melhorar o crescimento espiritual da comunidade por meio do silêncio na liturgia?

Bibliografia complementar

a) Textos oficiais

Cic. *Canto e música*, nn. 1156-1158.

Cnbb. *A música litúrgica no Brasil;* um subsídio para quantos se ocupam da música litúrgica na Igreja de Deus que está no Brasil. São Paulo, Paulus, 1999. (Estudos, 79)

SC 112-121. Também nn. 28-30; 39-40.

b) Outros

Alcalde, A. *Canto e música litúrgica;* reflexões e sugestões. São Paulo, Paulinas, 1998.

Augé, M. Eucologia. In: *DILI.* pp. 415-423.

Buyst, I. A oração da Igreja-comunidade. In: *Celebração do domingo ao redor da Palavra de Deus.* 8. ed. Petrópolis, Vozes, 1999. pp. 61-88.

Costa, J. E. Canto e música. In: *DILI.* pp. 158-175.

Gilbert Tarruel, J. Salmos. In: *DILI.* pp. 1095-1109. *Instrução "Musicam Sacram"*, 1967.

Maldonado, L. & Fernández, P. As orações. In: Boróbio, D. (org.). *A celebração na Igreja.* v. 1, *Liturgia e sacramentologia fundamental.* São Paulo, Loyola. 1990. pp. 208-217.

Maldonado, L. & Fernández, P. Os cantos. In: Boróbio, D. (org.). *A celebração na Igreja.* v. 1, *Liturgia e sacramentologia fundamental.* São Paulo, Loyola, 1990, pp. 195-204.

Sartore, D. Silêncio. In: *DILI.* pp. 135-142.

VOCABULÁRIO

Aliança (celebração): A liturgia cristã é celebração da nova e eterna Aliança (pacto) entre Deus e o seu povo, por Cristo, com Cristo e em Cristo, na unidade do Espírito Santo. Como tal, consiste de duas partes: a) liturgia da Palavra, na qual Deus propõe a aliança e o povo é convidado a aderir e se comprometer; b) a liturgia sacramental, que sela a Aliança com um rito.

Anámnese, ação memorial: Recordação das coisas maravilhosas que o Senhor realizou por seu povo, principalmente na pessoa de Jesus Cristo. Parte da Oração Eucarística em que se expressa a recordação de Jesus Cristo, sua vida, paixão, morte, ressurreição, glorificação e segunda vinda. Aclamação anamnética: *"Eis o mistério da fé..."*.

Assembléia Litúrgica: Reunião da comunidade para realizar os atos litúrgicos. A assembléia litúrgica não é uma reunião qualquer, ela é constitutiva da Igreja. Sem ela não há Igreja.

Celebração, celebrar: Celebração é uma ação comunitária, festiva, que tem a ver com "tornar célebre", solenizar, destacar do cotidiano, colocar em destaque pessoas ou fatos e realçar o significado que tem para um determinado grupo de pessoas. Uma celebração *litúrgica* tem como objetivo celebrar Jesus Cristo e seu mistério pascal.

Compromisso: Participação e atuação protetica do cristão nas estruturas da sociedade, em que se decide e se organiza a vida social, desde a vida do bairro até os organismos em nível regional, nacional ou internacional. Está relacionado com a missão da Igreja no mundo, com a transformação da sociedade, com a civilização do amor.

Epíclese: Invocação sobre o pão, o vinho, a comunidade reunida, a água do batismo, o óleo, a pessoa vocacionada... para que Deus envie o Espírito Santo santificador e realize a transformação pascal.

Eucaristia, "ação de graças": Ação litúrgica central de nossa fé na qual a comunidade reunida em assembléia celebra o mistério pascal de Jesus Cristo, com os sinais do pão e do vinho e é associada a este mistério. Nome mais divulgado: "Missa". Consta de duas partes centrais: liturgia da Palavra e liturgia eucarística.

Eucologia: Do grego *euché* = oração, e *lógos* = discurso. Conjunto das orações litúrgicas da Igreja. A mesma palavra é usada também para designar o estudo que se faz deste conjunto de orações.

Experiência Litúrgica: É experiência do mistério celebrado na liturgia, pela participação na ação ritual. Nasce da interação do sujeito da celebração litúrgica com os dados objetivos do rito: seu referente, seus sinais, seus efeitos pretendidos, entrando pessoalmente na ação comunitária, ritual, da memória pascal de Jesus Cristo, no Espírito Santo.

Hermenêutica, interpretação: Indica a arte da interpretação e também o estudo sobre como fazer isso. A palavra vem do grego "hermeneuein, hermeneia".

Homilia: A palavra "homilia" (do grego "homilein") sugere uma conversa familiar. Momento privilegiado da interpretação da palavra de Deus na celebração litúrgica, após a proclamação das leituras bíblicas, e formando um elo com a oração universal e com a liturgia sacramental que vem a seguir.

Inculturação: "A inculturação significa uma íntima transformação dos valores culturais autênticos, graças à sua integração no cristianismo e ao enraizamento do cristianismo nas diversas culturas humanas." Trata-se de um duplo movimento: 1) a Igreja encarna o evangelho nas diversas culturas; 2) ao mesmo tempo, assimila os valores daquelas culturas, se compatíveis com o evangelho, "para aprofundar melhor a mensagem de Cristo e exprimi-la mais perfeitamente na celebração litúrgica e na vida da variada comunidade dos fiéis". (cf. Congregação para o Culto Divino, *A liturgia romana e a inculturação*, 1994, n. 4).

Liturgia: *Lit* tem relação com a palavra grega *laos: povo*. "Urgia" é derivada das palavras gregas "ergon" (substantivo) e "ergomai" (verbo): trabalho, serviço, ação; trabalhar, servir, agir... Daí: "liturgia" é ação do povo ou serviço a favor do povo. Podemos falar em: a) liturgia em sentido amplo: toda a vida cristã como serviço a Deus (liturgia-vida); b) liturgia em sentido restrito: as celebrações litúrgicas (liturgia-celebração) que estão no centro e na raiz da "liturgia-vida". A liturgia é ao mesmo tempo serviço de Deus a seu povo (santificação, divinização, pascalização) e serviço do povo a seu Deus (glorificação).

Memorial, recordação: Em hebraico *zikarón*, em grego *anámnesis*). Não se trata de uma simples recordação, uma simples lembrança. Trata-se de uma participação no fato lembrado, graças à participação no rito celebrado. O memorial traz o fato recordado ritualmente presente, hoje. Assim, toda vez que, pela ação litúrgica fazemos "memória" do fato central de nossa fé, acontecido uma única vez, o "mistério de nossa fé" é atualizado: acontece para nós, em nós, aquilo que é celebrado.

Mistério Pascal: Refere-se à vida, morte e ressurreição de Jesus, o Cristo, como revelação do mistério de Deus, de seu desígnio para com a humanidade, que envolve afinal o mistério da cada pessoa humana. É ainda a presença dinâmica de Cristo Ressuscitado que, juntamente com o Espírito Santo, vai permeando e transformando toda a realidade humana e cósmica. É este o Mistério que atualizamos e do qual participamos em todas as celebrações litúrgicas.

Mística: A mística (ou espiritualidade) tem sua raiz no mistério. Diz respeito à nossa vida de comunhão com Deus, ao nosso mergulho no mistério, na própria vida de Deus. A mística cristã é necessariamente uma participação na morte-ressurreição de Jesus Cristo. Passa normalmente pela celebração do mistério pascal, já que a liturgia é cume e fonte de toda a vida cristã, portanto, também da mística.

Música Ritual: É música que acompanha as ações sagradas e é considerada parte integrante delas, tendo a mesma eficácia e o mesmo objetivo.

Recordação da Vida: É um momento em que se lembram sucintamente fatos importantes da vida, acontecimentos significativos, que formam como que o pano de fundo com o qual se desenrola a celebração. Geralmente, é realizada nos ritos iniciais. Os fatos poderão ser retomados em vários momentos da celebração: no rito penitencial, na homilia, nas preces, na ação de graças.

Participação: "Participar" é "ter parte". Ter parte de quê? Da ação litúrgica, da vida litúrgica, da ação sagrada. No entanto, se a ação litúrgica não é apenas uma exterioridade, mas expressão do mistério de Deus, do mistério de Cristo, então, participar da ação litúrgica

significa ter parte no mistério que está sendo celebrado. É sinônimo de comunhão (*koinonia)*, comunhão com Cristo, e através dele e de seu Espírito, com o Pai e entre nós.

Sacerdote, sacerdócio, sacerdotal: Do latim *sacra dare,* dar o sagrado. O sacerdote é um mediador entre o ser humano e Deus, aquele que permite entrar em diálogo e comunhão com Deus. No cristianismo só há um único mediador, um único sacerdote: Jesus Cristo. Pelo batismo, somos feitos uma coisa só com Cristo e, dessa forma, participamos de seu sacerdócio. Somos chamados a possibilitar e garantir o diálogo entre Deus e a humanidade. Este sacerdócio batismal é a base da participação de todo o povo de Deus na sagrada liturgia. O sacerdócio do clero (sacerdócio ministerial), brota da mesma e única fonte — o sacerdócio de Cristo — e está a serviço do sacerdócio do povo.

Sacramento, sacramental, sacramentalidade: O sacramento geralmente se refere a um "sinal sensível" no qual "transparece" e atua uma "realidade invisível", divina: o mistério de nossa fé. Podemos distinguir a) sacramentalidade em sentido amplo: Deus pode revelar seu mistério em muitos sinais: na criação, na cultura, em acontecimentos do dia-a-dia, nos pobres, na atuação da Igreja, em outras tradições religiosas...; sacramentalidade em sentido restrito: as ações litúrgicas realizadas pela comunidade reunida, como sinais privilegiados que expressam o mistério de Deus revelado em Jesus Cristo e que se tornam para nós, cristãos, sinais de referência para perceber, desvendar, discernir, ler... os sinais sacramentais em sentido amplo. O sacramento central de nossa fé é a eucaristia.

Símbolo, ação simbólica (na liturgia): São "sinais sensíveis" de nosso cotidiano, de nossa cultura, que vêm carregados de um significado relacionado com nossa fé. Sempre se referem àquilo que celebramos em todas as celebrações litúrgicas: o mistério de Jesus Cristo e nossa participação neste mistério. São eficazes: realizam aquilo que significam. As ações simbólicas mais importantes são os sacramentos.

Sinergia (do grego: *syn + ergon, ergomai):* Uma ação conjunta, uma cooperação, um trabalho ou serviço realizado em conjunto, ou também de uns para com os outros. A liturgia é feita em "sinergia" entre Deus e nós, entre o Espírito e a Igreja.

SUMÁRIO

APRESENTAÇÃO DA COLEÇÃO 5

INTRODUÇÃO 9

CAPÍTULO I. **CELEBRAR É PRECISO** 11

1. Celebrações existentes nas comunidades 11
2. Celebrar? Por quê? 13
3. Liturgia cristã 14
4. Inculturação – Um só mistério, diversidade de formas celebrativas 15
5. Liturgia no conjunto da vida cristã e da ação eclesial 17
   5.1. Liturgia: celebração que transborda numa vida de comunhão 18
   5.2. A liturgia faz a Igreja 18
   5.3. Liturgia e espiritualidade 19
   5.4. Pastoral litúrgica 19
       a) As celebrações 19
       b) A organização da vida litúrgica 20
       c) A formação litúrgica 20
   5.5. Teologia litúrgica 21
6. O estudo da liturgia no conjunto das disciplinas teológicas 22

CAPÍTULO II. **O MISTÉRIO CELEBRADO NO PRIMEIRO MILÊNIO DA ERA CRISTÃ** 25

1. A liturgia nos primórdios do cristianismo 25
   1.1. No período apostólico 25
   1.2. Na era dos mártires 28
2. A liturgia em fase de estruturação plena (séc. IV a VIII) 32
   2.1. A virada do século IV 32
   2.2. Formação das grandes famílias litúrgicas 34
   2.3. A formação da liturgia romana clássica 35
       2.3.1. Causas 36
       2.3.2. Formação dos livros litúrgicos 36
       2.3.3. Elementos característicos da liturgia romana clássica 37
3. A passagem da liturgia romana para as Igrejas franco-germânicas 39

CAPÍTULO III. **O MISTÉRIO CELEBRADO NO SEGUNDO MILÊNIO DA ERA CRISTÃ** ... 43

1. A liturgia romana em nova fase, ou a liturgia romana
   da Idade Média (séc. X a XIV) 43
   1.1. Roma adota a liturgia romano-franco-germânica 43
   1.2. A reforma de Gregório VII 44
   1.3. A reforma de Inocêncio III 45
   1.4. A liturgia romana da Idade Média: algumas características 45
   1.5. A liturgia no "outono da Idade Média" 47
2. Reforma litúrgica do Concílio de Trento e conseqüências 48
   2.1. Proposta de reforma litúrgica protestante 49
   2.2. A obra litúrgica do Concílio de Trento 49
   2.3. Era das rubricas e influência barroca 50

3. A liturgia que o Brasil e a América Latina herdaram 52
   3.1. A liturgia que herdamos 52
   3.2. Adaptações feitas... 54
4. Uma longa campanha de renovação e reforma da liturgia: o movimento litúrgico . 56
   4.1. Pré-história do movimento litúrgico 56
   4.2. O movimento litúrgico 58

CAPÍTULO IV. A REFORMA LITÚRGICA DO CONCÍLIO VATICANO II 63

1. A Constituição *Sacrosanctum Concilium* sobre a Sagrada Liturgia 63
   1.1. O documento 64
   1.2. Considerações 65
2. Execução das determinações da Constituição Conciliar 66
3. Reforma litúrgica pós-conciliar na América Latina e no Caribe 68
   3.1. Medellín (1968) 68
   3.2. Puebla (1979) 70
   3.3. Santo Domingo (1992) 72

CAPÍTULO V. EM MINHA MEMÓRIA 77

1. Fazendo memória, participamos dos acontecimentos salvadores 77
   1.1. A Páscoa como memorial 77
   1.2. A nova Páscoa como memorial 78
   1.3. Uma festa para o Senhor 80
2. O mistério da páscoa 81
3. Páscoa de Cristo na Páscoa da gente: O mistério pascal reinterpretado
   e celebrado na Igreja latino-americana 83
4. Outros enfoques do mistério pascal na cultura atual 86
5. Mistério e mistérios 87
6. Mistério e presença 88
7. O que celebramos, de fato, em nossas comunidades? 89

CAPÍTULO VI. UM POVO QUE CELEBRA 93

1. Liturgia é ação da Igreja, povo de Deus 93
   1.1. A Igreja como mistério (sacramento) 94
   1.2. A Igreja como povo de Deus, sacerdotal, profético e régio 94
   1.3. Um povo "ordenado", organizado: dons e ministérios 96
   1.4. Quem é convocado por Deus? 98
   1.5. A distância entre a teoria e a prática: um desafio 99
2. Assembléia litúrgica, sacramento da Igreja 99
   2.1. Em continuidade com as grandes assembléias do passado 100
   2.2. A assembléia litúrgica constitui a Igreja 100
   2.3. Elementos rituais que evidenciam o sentido da assembléia 101
3. Ação conjunta entre os parceiros da Nova Aliança: liturgia de "mão dupla".... 102
   3.1. Um destaque para a ação do Espírito Santo 103
   3.2. O lugar de Maria 104
4. A participação da assembléia 105
   4.1. Participar do mistério, participando da ação ritual 105
   4.2. Várias "qualidades" da participação 105
   4.3. A subjetividade dos participantes da assembléia e a objetividade da liturgia . 108
   4.4. Alguns desafios pastorais 108

CAPÍTULO VII. FAÇAM ISTO... – SACRAMENTALIDADE DA LITURGIA 111

1. Sacramentalidade – Símbolos do Mistério 111
   1.1. Tomou o pão e o vinho, deu graças, partiu e deu aos seus discípulos 111

1.2. Mistério. Sacramento 112
1.3. Sacramentos sem conta e densidade sacramental 113
1.4. Sacramentais 115
2. Olhando mais de perto a teoria simbólica 116
2.1. O corpo na liturgia 117
2.2. Dançar a liturgia 118
2.3. A arte a serviço do Mistério 119
2.4. Pão e vinho, frutos da terra e da cultura 119
2.5. Várias "camadas" das ações simbólico-sacramentais 120
2.6. "Dito e feito" 121

CAPÍTULO VIII. **A PALAVRA DE DEUS** 125

1. As Sagradas Escrituras nas liturgias das primeiras comunidades cristãs 125
2. As Sagradas Escrituras em nossa liturgia da Palavra 126
2.1. A comunidade reunida 126
2.2. Proclamação e interpretação das Sagradas Escrituras 127
2.3. Atenção à realidade atual 129
3. O diálogo da Aliança, encontro entre parceiros 131
4. Leituras bíblicas para cada tempo e ação litúrgica 132
5. Relação entre a "mesa da Palavra" e a "mesa da eucaristia" 133

CAPÍTULO IX. **ORAÇÃO DA IGREJA – EUCOLOGIA** 137

1. Relação entre Palavra de Deus e oração cristã 137
1.1. Eficácia da oração 137
1.2. Uma oração teológica 138
2. Eucologia 139
2.1. Orações "consecratórias" 139
2.2. Outras orações presidenciais 140
2.3. Oração dos fiéis e outras ladainhas 142
2.4. Outras fórmulas litúrgicas no diálogo da Aliança entre o Senhor e o seu povo .. 143
3. Música: "Cantando um cântico novo" (Ap 5,9a) 144
3.1. Música, música religiosa, música sacra, música ritual 144
3.2. Música litúrgica, música ritual 144
3.3. Música vocal e música instrumental 146
3.4. Função ritual e gênero musical 146
3.5. A referência-fonte: a vida litúrgica dos primeiros cristãos 147
3.6. Os salmos na liturgia atual 148
3.7. Quem deve cantar? 148
3.8. Mas, afinal, por que cantar na liturgia? 149
3.9. Arte musical — Cantar com o coração 150
4. Silêncio: O Senhor vem! 150
4.1. Silêncio diante do Mistério 150
4.2. A Palavra envolvida em silêncio 151
4.3. Silêncio de intimidade e comunhão 152
4.4. Uma Palavra que conduz ao silêncio 152

VOCABULÁRIO 155

SIGLAS

CELAM   Conselho Episcopal Latino-Americano
CIC   Catecismo da Igreja Católica
CNBB   Conferência Nacional dos Bispos do Brasil
CPh   Cuadernos Phase
CPL   Centro de Pastoral Litúrgica
DCDAP   Diretório para Celebrações Dominicais na Ausência do Presbítero
DILI   SARTORE, D. & TRIACCA, A. M. (org). *Dicionário de Liturgia*. São Paulo, Paulinas/Paulistas, 1992.
IELM   Introdução geral ao elenco das Leituras da Missa
IGLH   Introdução geral à Liturgia das Horas
IGMR   Instrução geral sobre o Missal Romano
MED   "Documento de Medellín" – CELAM, *A Igreja na atual transformação da América Latina à luz do Concílio,* 1968.
PUE   "Documento de Puebla" – CELAM, *A evangelização no presente e no futuro da América Latina,* 1979.
SC   *Sacrosanctum Concilium* – Concílio Vaticano II, Constituição sobre a Sagrada Liturgia, 1963.
SD   "Documento de Santo Domingo" – CELAM, *Nova evangelização, promoção humana, cultura cristã,* 1992.

ABREVIATURAS

&   e (p. ex.: J. B. Libanio & M. C. Bingemer: autores de uma mesma obra)
art.   artigo
c.   capítulo
cf.   confrontar, ver também
col.   coleção
d.C.   depois de Cristo
doc.   documento
ed.   edição
Ibid.   ibidem, mesma obra
Id.   idem, mesmo autor
n./nn.   número/números
op. cit.   obra já citada anteriormente pelo mesmo autor
org.   organização
p. / pp.   página / páginas
p. ex.   por exemplo
s / ss   seguinte / seguintes (p. ex.: p. 52s = p. 52 e 53; p. 52ss = p. 52 e seguintes)
s.d.   sem data de edição
s.l.   sem local de edição
trad.   tradução
v.   volume
XX (...) XX   nº da publicação da revista (ano) páginas. P. ex.: *REB* 49 (1989) 669-670